U0589715

中国电力供需分析
年度报告

2024

中国电力企业联合会　编著

中国电力出版社
CHINA ELECTRIC POWER PRESS

图书在版编目（CIP）数据

中国电力供需分析年度报告. 2024 / 中国电力企业联合
会编著. -- 北京 : 中国电力出版社, 2024. 7. -- ISBN 978-7
-5198-9117-6

Ⅰ. F426.61

中国国家版本馆 CIP 数据核字第 2024KM0911 号

出版发行：中国电力出版社
地　　址：北京市东城区北京站西街 19 号（邮政编码 100005）
网　　址：http://www.cepp.sgcc.com.cn
责任编辑：王杏芸（010-63412394）
责任校对：黄　蓓　常燕昆
装帧设计：赵姗姗
责任印制：杨晓东

印　　刷：三河市万龙印装有限公司
版　　次：2024 年 7 月第一版
印　　次：2024 年 7 月北京第一次印刷
开　　本：889 毫米×1194 毫米　16 开本
印　　张：12
字　　数：251 千字
定　　价：398.00 元

中国电力供需分析
年度报告
2024

编 委 会

主　　　编　杨　昆

常务副主编　王抒祥

副　主　编　沈维春　董增波

中国电力供需分析
年度报告
2024

编 写 组

组　长　董增波

副组长　蒋德斌　刘兴国　王益烜

成　员（以姓氏笔画为序）

王萌瑶　叶　静　米富丽　庄　严　吴立强

陈亚宁　郑媛媛　姜　晶　靳坤坤

前 言
PREFACE

　　《中国电力共需分析年度报告》作为中国电力企业联合会"1+N"系列报告之一，力求客观反映中国电力供需平衡的基本情况，深入分析电力供应和需求的增长趋势及驱动因素，以专业视角洞察中国电力供求关系的现状及未来走向，为宏观政策和行业发展提出建设性意见和建议。自 2021 年启动报告编制以来，该报告已成为读者了解我国电力供需现状的重要参考资料。

　　《中国电力供需分析年度报告 2024》共分 6 章，第一章至第三章分析宏观经济发展情况、电力需求增长情况及影响因素、电力供应能力及影响因素。电力需求增长和宏观经济发展变化之间存在紧密联系，宏观经济发展变化推动电力需求变化，电力供应各种要素变化反作用于电力需求和经济发展。第四章分析过去一年的电力电量平衡情况，再现了过去一年逐月的电力电量平衡情况、各省份电力紧张或富余时段与规模，着重研究跨区域和跨省电力电量交换情况及其可能性、必要性。通过电力电量平衡分析，对全国各区域电能交换情况形成直观认识。第五章、第六章是展望与建议，对 2024 年电力供需情况及电力行业转型发展做了分析和展望；对未来一段时间的国家宏观政策、行业发展提出意见和建议。

　　为深入、系统、专业地展示电力行业各专业领域发展情况，中电联还组织编撰了国际合作、标准化、可靠性、电力工程建设质量、行业人才、信息化、电气化等专业领域的年度系列报告，以进一步满足各专业领域读者的需求。

　　我们真诚希望《中国电力供需分析年度报告 2024》及其系列报告能够成为服务会员单位和社会各界的重要载体，成为电力从业人员和所有关心电力事业的读者了解中国电力发展现状的重要参考资料。

编委会

2024 年 6 月

目　录
CONTENTS

第一章

综　述

　　2023 年，电力行业以习近平新时代中国特色社会主义思想为指导，认真贯彻习近平总书记关于能源电力的重要讲话和重要指示批示精神，以及"四个革命、一个合作"能源安全新战略，落实党中央、国务院决策部署，弘扬电力精神，经受住了上半年来水持续偏枯、夏季多轮高温、冬季大范围极端严寒等考验，为经济社会发展和人民美好生活提供了坚强电力保障。全国电力供应安全稳定，电力消费稳中向好，电力供需总体平衡，电力绿色低碳转型持续推进。

　　宏观经济回升向好，能源消费稳定增长。

　　根据国家统计局初步核算，2023 年国内生产总值 1260582 亿元，比上年增长 5.2%。全年能源消费总量 57.2 亿吨标准煤，比上年增长 5.7%。其中，煤炭消费量增长 5.6%，电力消费量增长 6.7%。煤炭消费量占能源消费总量比重为 55.3%，比上年下降 0.7 个百分点；天然气、水力发电、核能发电、风力发电、太阳能发电等清洁能源消费量占能源消费总量比重为 26.4%，上升 0.4 个百分点。

　　全社会用电量同比增速逐季上升，三次产业用电量均较快增长。

　　2023 年，全国全社会用电量 9.22 万亿千瓦·时，同比增长 6.7%。其中，一、二、三、四季度，全社会用电量同比分别增长 3.6%、6.4%、6.6%和 10.0%，同比增速呈逐季上升态势，受上年同期低基数以及经济回升等因素影响，四季度同比增速明显提高。

　　三次产业用电量中，第一产业用电量 1277 亿千瓦·时，同比增长 11.4%。分季度看，各季度增速分别为 9.7%、14.2%、10.2%和 12.2%，均保持较快增长。近年来电力企业积极助力乡村振兴，大力实施农网巩固提升工程，完善乡村电力基础设施，推动农业生产、乡村产业电气化改造，拉动第一产业用电保持快速增长。第二产业用电量 6.08 万亿千瓦·时，同比增长 6.5%。其中，工业用电量同比增长 6.7%；建筑业受房地产市场下滑影响，用电量同比下降 3.5%。分季变看，第二产业用电量各季度增速分别为 4.2%、4.7%、7.3%和 9.4%，同比增速呈逐季上升态势。第三产业用电量 1.67 万亿千瓦·时，同比增长 12.2%。分季度看，各季度增速分别为 4.1%、15.9%、10.5%和 19.1%。电动汽车高速发展拉动充换电服务业 2023 年用电量同比增长 78.1%。城乡居民生活用电量 1.35 万亿千瓦·时，同比增长 0.8%，上年高基数是 2023 年居民生活用电量低速增长的重要原因；各季度的同比增速分别为 0.2%、2.6%、0.5%、2.3%，各季度的两年平均增速分别为 5.9%、5.0%、9.4% 和 8.7%。

电源电网保持协调发展，电力供应更加绿色低碳。

2023 年，重点调查企业电力完成投资 15502 亿元，同比增长 24.7%。其中，电网完成投资 5277 亿元，同比增长 5.4%。电源完成投资 10225 亿元，同比增长 37.7%。电源投资中，非化石能源发电投资占比达到 89.2%。2023 年，全国新增发电装机容量 37067 万千瓦，其中新增非化石能源发电装机容量 30762 万千瓦，占新增总发电装机的比重为 83.0%，同比提高 4.0 个百分点。近年来我国分布式光伏参与方增多，逐步从传统的农村屋顶、工商企业屋顶向多元化的应用场景转化，分布式光伏发展迅猛，成为光伏新增装机规模的主力，2023 年分布式光伏新增装机 9629 万千瓦，占当年光伏新增装机 44.3%。

截至 2023 年年底，全国全口径发电装机容量 29.2 亿千瓦，同比增长 14.0%。分类型看，水力发电 4.2 亿千瓦、火力发电 13.9 亿千瓦（其中，煤电 11.6 亿千瓦，占总发电装机容量的比重为 39.9%，气电 12620 万千瓦，占总发电装机容量的比重为 4.3%）、核能发电 5691 万千瓦，并网风电 4.4 亿千瓦，并网太阳能发电 6.1 亿千瓦。全国全口径非化石能源发电装机容量 15.8 亿千瓦，占总装机容量比重为 53.9%，同比提高 4.4 个百分点。

2023 年，全国发电量[1] 为 9.5 万亿千瓦·时，同比增长 6.9%，增速比上年提高 3.2 个百分点。受降雨下降、来水偏枯、水库蓄水不足等因素影响，水力发电量同比下降 4.9%，增速较上年降低 5.9 个百分点。受电力消费需求增长、水电出力下降等因素影响，火力发电积极发挥兜底保供作用，火力发电量同比增长 6.4%。随着新能源高比例接入，火力发电量比重已从 2011 年的 81.3% 持续下降到 2023 年的 66.3%。核能发电、并网风力发电、并网太阳能发电量同比分别增长 4.1%、16.2% 和 36.7%。

2023 年，全国发电设备平均利用小时 3598 小时，比上年降低 95 小时。其中，水力发电设备利用小时 3130 小时，比上年降低 287 小时。火力发电设备利用小时 4476 小时，比上年提高 87 小时；其中，燃煤发电设备利用小时 4690 小时，比上年提高 97 小时；燃气发电设备利用小时 2525 小时，比上年提高 85 小时。核能发电设备利用小时 7670 小时，比上年提高 54 小时。并网风力发电设备利用小时 2235 小时，比上年提高 16 小时。并网太阳能发电设备利用小时 1292 小时，比上年降低 48 小时。2023 年，为助力实现"双碳"目标，加快规划建设新型能源体系，推动新能源发电高质量发展，电力行业主动担当作为，有序扩大新能源市场交易规模，强化政策引导和市场规范，提升新能源消纳空间，进一步健全完善辅助服务市

---

[1] 发电量数据来源于《中华人民共和国 2023 年国民经济和社会发展统计公报》，下同。

场机制，督促调变机构做好新能源并网服务，优化电网调度运行方式，加大电厂调峰力度，改善新能源消纳问题，全年全国 8 个省（自治区、直辖市）风光利用率达到 100%。全国平均风电利用率达到 97.3%，比上年提高 0.5 个百分点；光伏发电利用率为 98.0%，比上年降低 0.3 个百分点。

电力燃料供需总体平衡，年降水量及太阳能年景资源偏小，风资源为正常年景。

国家高度重视能源电力保供，煤炭产能稳步释放。根据国家统计局数据，2023 年全国原煤产量 47.1 亿吨，同比增长 3.4%；全国天然气产量 2324 亿米^3，同比增长 5.6%。根据海关总署数据，2023 年我国进口煤炭 4.7 亿吨，同比增长 61.8%；进口天然气 1.2 亿吨，同比增长 9.9%。发电企业按照相关部署，积极扩展电力燃料采购渠道，做好电煤库存管控工作，确保用电高峰期间电力燃料供应稳定。2023 年全国统调电厂库存整体维持在高位水平，迎峰度夏和度冬期间统调电煤库存保持在 2 亿吨左右，为保障能源电力安全稳定供应和维护电煤市场平稳运行发挥了重要作用。2023 年，煤炭市场价格总体有所下降，煤电企业有所减亏，但电煤年度长协价格比 2022 年降幅较小（煤电企业所耗煤炭以长协合同电煤为主），电煤成本总体仍偏高。2023 年全国平均降水量 615.0 毫米，较常年偏少 3.9%，冬、春、夏三季降水均偏少，秋季降水偏多。2023 年全国风能资源为正常年景，70 米高度年平均风速约 5.4 米/秒，年平均风功率密度约为 193.5 瓦/米^2；100 米高度年平均风速约 5.7 米/秒，年平均风功率密度约为 228.9 瓦/米^2。2023 年全国太阳能资源总体为偏小年景。全国平均年水平面总辐照量为 1496.1 千瓦·时/米^2，较近 30 年（1993—2022 年）平均值偏小 23.6 千瓦·时/米^2，较 2022 年偏小 67.3 千瓦·时/米^2。

全国电力供需形势总体平衡，少数省份在部分用电高峰时段电力供应偏紧。

2023 年，全国电力系统保持安全稳定运行，电力供需总体平衡。年初，受来水偏枯、电煤供应偏紧、用电负荷增长等因素叠加影响，云南、贵州等少数省级电网在部分时段电力供需形势较为紧张，通过供需两端协同发力，守牢了民生用电安全底线。夏季，各相关政府部门及电力企业提前做好了充分准备，迎峰度夏期间全国电力供需形势总体平衡，各省级电网均未采取有序用电措施，创造了近年来迎峰度夏电力保供最好成效。冬季，12 月共有 3 次冷空气过程影响我国，多地出现大范围强寒潮、强雨雪天气，江苏、浙江、安徽、山东、河北、蒙西等近十个省级电网电力供需形势偏紧，部分省级电网通过需求侧响应等措施，保障了电力系统安全稳定运行。

2024 年电力供需形势总体平衡。

近年来，随着我国消费结构及产业结构持续调整升级，负荷"冬夏"双高峰特征逐步呈现常态化。2024 年，受宏观经济、气温、降水、燃料供应等多方面因素交织叠加影响，电力供需形势仍存在不确定性。根据电力需求预测，基于对气温、来水、电煤供应等关键要素的分析，综合考虑新投产装机、跨省跨区电力交换、发电出力及合理备用等，预计 2024 年全国电力供需总体平衡，迎峰度夏和迎峰度冬期间部分区域电力供应偏紧。

迎峰度夏期间，全国电力供需总体紧平衡。分区域看，华北、东北、西北区域电力供需基本平衡；华东、华中、西南、南方区域电力供需偏紧。省级电网中，江苏、浙江、安徽、蒙西、河南、江西、四川、重庆、广东、云南等在用电高峰时段电力供应偏紧。迎峰度冬期间，全国电力供需总体紧平衡。分区域看，华北、东北区域电力供需基本平衡；华东、华中、西南、西北区域电力供需偏紧；南方区域电力供需形势紧张。

持续加快能源转型，扎实做好电力安全稳定供应。

"十四五"及未来一段时期，我国将加速构建经济双循环发展新格局，新型城镇化建设和乡村振兴不断迈上新水平。同时，随着全社会电气化水平的持续提升，多重因素将推动电力需求保持刚性增长。在新能源等波动性电源规模高速增长的背景下，经济社会的高质量发展对电力安全稳定供应提出了更高要求。电力行业要全力保障大电网安全稳定，守好民生用电底线。做好一次能源跟踪监测、负荷预警和灾害应急机制建设。加强来水、风、光跟踪监测，提升预报准确性；加强煤炭、油气等能源供耗存监测；滚动开展用电负荷预测及预警。统筹推进电网电源建设，避免由于网源建设不协同引发不合理的弃风弃光现象。补强电网抵御自然灾害的薄弱环节，提升电网设备防灾能力。加强跨省跨区电力余缺互济，优化跨省区电力调配机制，做好中长期市场、现货市场、应急调度的衔接。进一步完善电价体系，优化调整市场分担费用和运行费用等相关政策措施，健全需求响应市场化补偿机制。

第二章

宏观经济与电力需求

第一节 宏观经济

根据国家统计局初步核算数据，2023年中国实现国内生产总值（GDP）1260582亿元，比上年增长5.2%。其中，第一产业增加值89755亿元，比上年增长4.1%；第二产业增加值482589亿元，增长4.7%；第三产业增加值688238亿元，增长5.8%。第一产业增加值占国内生产总值比重为7.1%，第二产业增加值比重为38.3%，第三产业增加值比重为54.6%。分季度看，一季度国内生产总值同比增长4.5%，二季度增长6.3%，三季度增长4.9%，四季度增长5.2%，呈现前低、中高、后稳的态势，向好趋势进一步巩固。全年最终消费支出拉动国内生产总值增长4.3个百分点，资本形成总额拉动国内生产总值增长1.5个百分点，货物和服务净出口向下拉动国内生产总值0.6个百分点。全年人均国内生产总值89358元，比上年增长5.4%。国民总收入1251297亿元，比上年增长5.6%。全员劳动生产率为161615元/人，比上年逞高5.7%。

2019—2023年国内生产总值及增速情况如图2-1所示，2019—2023年三次产业增加值占国内生产总值的比重情况如图2-2所示。

一、投资

根据国家统计局数据，2023年全国全年全社会固定资产投资509708亿元，比上年增长2.8%。固定资产投资（不含农户）503036亿元，增长3.0%。

分地区看❶，东部地区投资增长4.4%，中部地区投资增长0.3%，西部地区投资增长0.1%，东北地区投资下降1.8%。

---

❶ 东部地区包括北京、天津、河北、上海、江苏、浙江、福建、山东、广东和海南10省（市）；中部地区包括山西、安徽、江西、河南、湖北和湖南6省；西部地区包括内蒙古、广西、重庆、四川、贵州、云南、西藏、陕西、甘肃、青海、宁夏和新疆12省（自治区、直辖市）；东北地区包括辽宁、吉林和黑龙江3省。

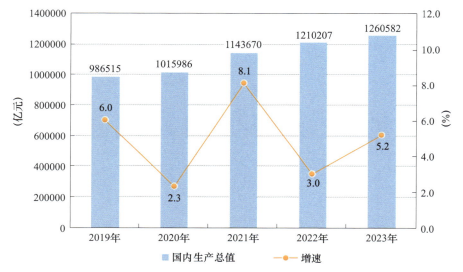

图 2-1 2019-2023 年国内生产总值及增速
（资料来源：国家统计局）

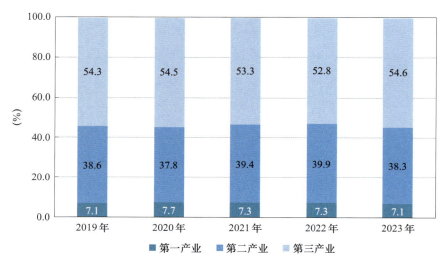

图 2-2 2019-2023 年三次产业增加值占国内生产总值的比重
（资料来源：国家统计局）

分产业看，在固定资产投资（不含农户）中，第一产业投资 10085 亿元，比上年下降 0.1%；第二产业投资 162136 亿元，增长 9.0%；第三产业投资 330815 亿元，增长 0.4%。2023 年三次产业投资占固定资产投资（不含农户）的比重情况如图 2-3 所示。

分主要领域看，基础设施投资增长 5.9%，制造业投资增长 6.5%，房地产开发投资下降 9.6%。全国商品房销售面积 111735 万米^2，下降 8.5%；商品房销售额 116622 亿元，下降 6.5%。

高技术产业投资增长 10.3%，快于全部投资 7.3 个百分点。其中，高技术制造业、高技术服务业投资分别增长 9.9%、11.4%。高技术制造业中，航空、航天器及设备制造业、计算机及办公设备制造业、电子及通信设备制造业投资分别增长 18.4%、14.5%、11.1%；高技术服务业中，科技成果转化服务业、电子商务服务业投资分别增长 31.8%、29.2%。

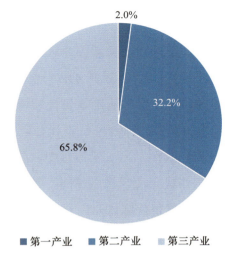

■ 第一产业 ■ 第二产业 ■ 第三产业

图 2-3 2023 年三次产业投资占固定资产投资（不含农户）比重

（资料来源：国家统计局）

二、消费

2023 年，社会消费品零售总额 471495 亿元，比上年增长 7.2%，规模再创历史新高；其中，服务零售额增长 20.0%，商品零售增长 5.8%，餐饮收入增长 20.4%。居民消费需求加快释放，服务消费市场恢复基础不断巩固。

2019-2023 年社会消费品零售总额情况如图 2-4 所示。

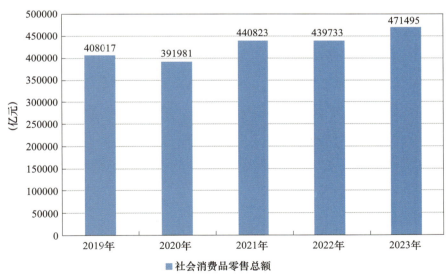

■ 社会消费品零售总额

图 2-4 2019-2023 年社会消费品零售总额

（资料来源：国家统计局）

分城镇和乡村看，城乡市场共同壮大，县乡消费市场占比有所提升。 2023 年，城镇消费品零售额 407490 亿元，比上年增长 7.1%；乡村消费品零售额 64005 亿元，增长 8%。自 5

月份起，乡村市场销售增速持续高于城镇。伴随农村居民收入增长，县乡商业体系建设不断完善，县乡消费市场发展步伐加快，市场占比稳步提升。2023 年，包含镇区和乡村地区的县乡消费品零售额占社会消费品零售总额的比重为 38.4%，比上年提高 0.3 个百分点。

分消费模式看，线上消费较快增长，实体店铺零售持续恢复。2023 年，实物商品网上零售额比上年增长 8.4%，增速比上年加快 2.2 个百分点；占社会消费品零售总额的比重为 27.6%，占比较上年提升 0.4 个百分点。在实物商品网上零售额中，吃类、穿类和用类分别比上年增长 11.2%、10.8%和 7.1%。在商贸零售企业积极"触网"转型、消费环境优化改善、消费体验丰富提升等因素带动下，实体店铺零售持续恢复向好。2023 年，限额以上零售业实体店商品零售额比上年增长 5.0%。其中，便利店、百货店、专业店、品牌专卖店商品零售额分别增长 7.5%、8.8%、4.9%和 4.5%。

分消费类型看，多数商品零售保持增长，升级绿色类消费需求不断释放。 2023 年，商品零售 418605 亿元，增长 5.8%；餐饮收入 52890 亿元，增长 20.4%。随着市场供需体系不断适配提质以及品质生活与绿色环保理念增强，部分升级类和出行类商品销售增势良好，限额以上单位服装、鞋帽、针纺织品类，粮油、食品类商品零售额分别增长 12.9%、5.2%。升级类商品销售较快增长，限额以上单位金银珠宝类，体育、娱乐用品类，通信器材类商品零售额分别增长 13.3%、11.2%、7.0%，限额以上单位汽车类商品零售额增长 5.9%。

三、进出口

2023 年，我国全年货物进出口总额 417568 亿元，比上年增长 0.2%。出口 237726 亿元，增长 0.6%；进口 179842 亿元，下降 0.3%。货物进出口顺差 57883 亿元，比上年增加 1938 亿元。

对共建"一带一路"国家进出口总额 194719 亿元，比上年增长 2.8%。其中，出口 107314 亿元，增长 6.9%；进口 87405 亿元，下降 1.9%。对《区域全面经济伙伴关系协定》（RCEP）其他成员国进出口额 125967 亿元，比上年下降 1.6%。

2019－2023 年货物进出口总额情况如图 2－5 所示，2023 年对主要国家和地区货物进出口金额、增长速度及比重见表 2－1。

表 2－1　　　2023 年对主要国家和地区货物进出口金额、增长速度及比重

国家和地区	出口额（亿元）	比上年增长（%）	占全部出口比重（%）	进口额（亿元）	比上年增长（%）	占全部进口比重（%）
东　盟	36817	0	15.5	27309	0.4	15.2
欧　盟	35226	－5.3	14.8	19833	4.6	11
美　国	35198	－8.1	14.8	11528	－1.8	6.4
韩　国	11076	－3.5	4.7	11309	－7.9	6.3

续表

国家和地区	出口额（亿元）	比上年增长（%）	占全部出口比重（%）	进口额（亿元）	比上年增长（%）	占全部进口比重（%）
日　本	10467	−2.2	4.4	11381	−13.9	6.3
中国香港	19333	−1.3	8.1	958	84.3	0.5
中国台湾	4819	−11.1	2	14033	−10.5	7.8
俄罗斯	7823	53.9	3.3	9093	18.6	5.1
巴　西	4159	1	1.7	8625	18.4	4.8
印　度	8279	6.5	3.5	1301	12.2	0.7
南　非	1661	4.4	0.7	2245	3.7	1.2

注　资料来源：国家统计局。

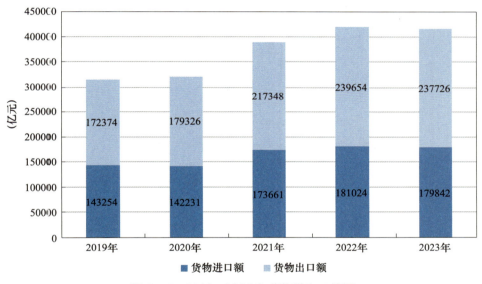

图 2-5　2019-2023 年货物进出口总额

（资料来源：国家统计局）

第二节　电　力　需　求

2023 年，全国全社会用电量 9.22 万亿千瓦·时，同比增长 6.7%。分季度看，一、二、三、四季度，全社会用电量同比分别增长 3.6%、6.4%、6.6% 和 10.0%，同比增速呈逐季上升态势。一、二、三、四季度 GDP 同比分别增长 4.5%、6.3%、4.9%、5.2%。四季度全社会用电量增速明显回升，且大幅高于同期 GDP 增速，一方面原因是四季度工业生产明显回升，11、12 月工业增加值增速接连创当年月度增速新高，工业用电量占比高，工业生产回升对用电量的拉动要显著大于对 GDP 的拉动；另一方面是受 2022 年四季度低基数因素❶影响。四季度的全社会用电量两年平均增速❷为 6.8%，与三季度的两年平均增速（7.0%）接近。

分季度全社会用电量增速与 GDP 增速如图 2-6 所示，分季度全社会用电量及其增速如图 2-7 所示，分月全社会用电量增速如图 2-8 所示。

图 2-6　分季度全社会用电量增速与 GDP 增速

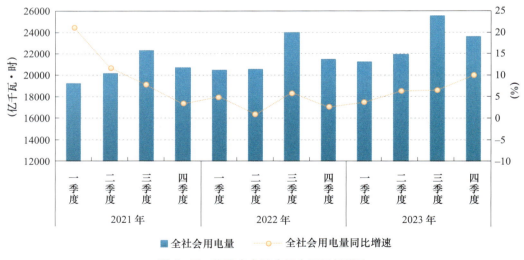

图 2-7　分季度全社会用电量及其增速

❶ 2022 年四季度多地疫情散发给部分企业生产及消费带来冲击，同时，外贸出口增速在四季度明显回落，导致当季全社会用电量增速回落至 2.5%，比 2022 年三季度增速回落 3.5 个百分点。

❷ 两年平均增速是以 2021 年同期值为基数，采用几何平均方法计算，下同。

图 2-8 分月全社会用电量增速

一、第一产业

2023 年，第一产业增加值 8.31 万亿元，同比增长 7.1%。分季度看，各季度增速分别为 3.7%、3.7%、4.2%、4.2%。

2023 年，第一产业用电量 1277 亿千瓦·时，同比增长 11.4%。分季度看，各季度增速分别为 9.7%、14.2%、10.2% 和 12.2%，均保持较快增长。近年来电力企业积极助力乡村振兴，大力实施农网巩固提升工程，完善乡村电力基础设施，推动农业生产、乡村产业电气化改造，拉动第一产业用电保持快速增长。

2023 年第一产业用电量、增加值增速情况见表 2-2。

表 2-2 2023 年第一产业用电量、增加值增速

第一产业	全年	一季度	二季度	三季度	四季度
用电量增速（%）	11.4	9.7	14.2	10.2	12.2
增加值增速（%）	4.1	3.7	3.7	4.2	4.2
产业用电量增速/产业增加值增速（%）	2.8	2.6	3.8	2.4	2.9

二、第二产业

2023 年，第二产业增加值 45.09 万亿元，同比增长 8.2%。分季度看，各季度增速分别为 3.3%、5.2%、4.6% 和 5.5%，各季度增速较快。2023 年，规模以上工业增加值同比增长 4.6%。分三大门类看，采矿业增加值增长 2.3%，制造业增长 5.0%，电力、热力、燃气及水生产和供应业增长 4.3%。

2023 年，第二产业用电量 6.08 万亿千瓦·时，同比增长 6.5%。分季度看，各季度增速

分别为 4.2%、4.7%、7.3%、9.4%。2023 年，工业用电量同比增长 6.7%。分三大门类看，采矿业用电量增长 4.0%，制造业增长 7.4%，电力、热力、燃气及水生产和供应业增长 4.5%。

2023 年第二产业用电量、增加值增速情况见表 2-3。

表 2-3　　　　　　　　　　　2023 年第二产业用电量、增加值增速

第二产业	全年	一季度	二季度	三季度	四季度
用电量增速（%）	6.5	4.2	4.7	7.3	9.4
增加值增速（%）	4.7	3.3	5.2	4.6	5.5
产业用电量增速/产业增加值增速（%）	1.4	1.3	0.9	1.6	1.7

分季度第二产业用电量及其增速情况如图 2-9 所示。

图 2-9　分季第二产业用电量及其增速

三、第三产业

2023 年，第三产业增加值 60.97 万亿元，同比增长 8.2%。分季度看，各季度增速分别为 5.4%、7.4%、5.2% 和 5.3%。受上年同期低基数影响，二季度增速较快。

2023 年，第三产业用电量 1.67 万亿千瓦·时，同比增长 12.2%，随着新冠疫情防控转段，服务业经济运行呈快速恢复态势。分季度看，各季度增速分别为 4.1%、15.9%、10.5% 和 19.1%。2022 年第二、四季度疫情下形成的低基数导致 2023 年第二、四季度高增长。从两年平均增速看，第三产业各季度的两年平均增速分别为 5.3%、7.9%、9.3% 和 11.1%，逐季上升。分行业看，批发和零售业（17.5%）、住宿和餐饮业（16.4%）、租赁和商务服务业（16.3%）、交通运输/仓储和邮政业（14.2%）全年用电量同比增速处于 14%~18%，这四个行业在 2022 年部

分时段受疫情冲击大，疫情后恢复态势明显。电动汽车高速发展拉动充换电服务业2023年用电量同比增长78.1%。

2023年第三产业用电量、增加值增速情况见表2-4。

表2-4　　　　　　　　　　2023年第三产业用电量、增加值增速

第三产业	全年	一季度	二季度	三季度	四季度
用电量增速（%）	12.2	4.1	15.9	10.5	19.1
增加值增速（%）	8.2	5.4	7.4	5.2	5.3
产业用电量增速/产业增加值增速（%）	1.5	0.8	2.1	2.0	3.6

分季度第三产业用电量及其增速情况如图2-10所示。

图2-10　分季第三产业用电量及其增速

四、城乡居民生活

2023年我国人口总量有所下降，城镇化水平继续提高，人口高质量发展取得成效。2023年末，全国人口为140967万人，比2022年末减少208万人，其中城镇常住人口93267万人，乡村常住人口47700万人。2023年末常住人口城镇化率为66.16%，比2022年末提高0.94个百分点。

截至2023年年底，全国新能源汽车保有量达2041万辆，占汽车总量的6.07%。其中，纯电动汽车保有量1552万辆，占新能源汽车总量的76.04%。2023年全国新注册登记新能源汽车743万辆，相较2019年的120万辆，呈高速增长态势。

2019-2023年电动汽车保有量情况见表2-5。

表 2-5   2019-2023 年电动汽车保有量

年份	新能源汽车保有量（万辆）	纯电动汽车保有量（万辆）
2019	381	310
2020	492	400
2021	784	640
2022	1310	1045
2023	2041	1552

资料来源：公安部。

2023 年，城乡居民生活用电量 1.35 万亿千瓦·时，同比增长 0.8%。其中，城镇居民生活用电量增长 1.2%，乡村居民生活用电量增长 0.4%。分季度看，各季度城乡居民生活用电量同比分别增长 0.2%、2.6%、−0.5% 和 2.3%。上年高基数是 2023 年居民生活用电量低速增长的重要原因。2023 年三季度全国平均气温低于 2022 年同期，尤其是空调负荷比重高的华东、华中等地区气温明显低于 2022 年同期，导致三季度全国居民生活用电量负增长。从两年平均增速看，城乡居民生活用电量的两年平均增速为 7.3%，依然保持较快增长，各季度的两年平均增速分别为 5.9%、5.0%、9.4% 和 8.7%。分季度城乡居民生活用电量及其增速情况如图 2-11 所示。

图 2-11 分季城乡居民生活用电量及其增速

五、地区电力−经济指标分析及比较

（一）用电结构

2023 年全国一、二、三产业用电占比分别为 1.4%、65.9%、18.1%。分地区看，第一产业用电占比最大的省份是海南，为 4.5%，其次是黑龙江，为 2.6%；占比最低的两个省市分别是上海、青海，分别为 0.4% 和 0.1%。第二产业用电占比最大的省份是青海，达到 88.7%，其次是宁夏和内蒙古，分别为 88.1% 和 87.5%；占比最低的两个省市分别是海南和北京，分

别为 38.8%、22.1%。第三产业用电占比最大的是北京，达到 52.6%，其次是上海和海南，分别为 36.6%、36.3%；占比最低的两个省份分别是内蒙古和青海，分别为 7.4% 和 6.5%。2023年各省份第一、二、三产业用电占比情况如图 2-12～图 2-14 所示。

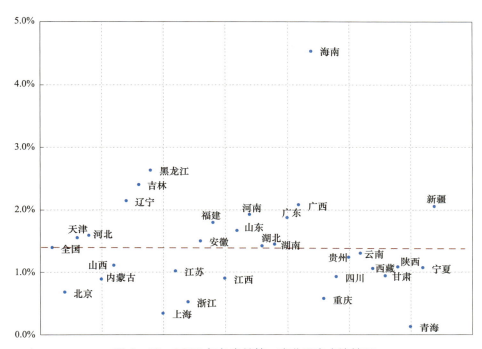

图 2-12　2023 年各省份第一产业用电占比情况

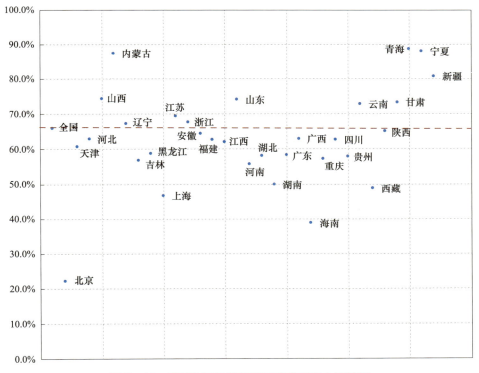

图 2-13　2023 年各省份第二产业用电占比情况

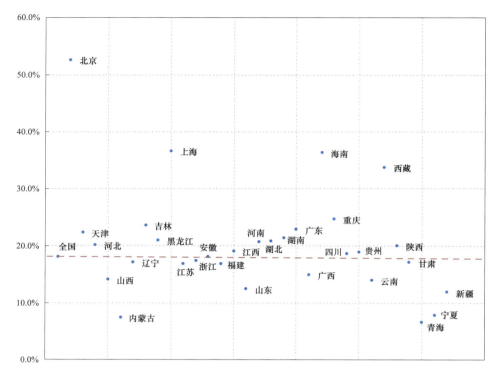

图 2-14　2023 年各省份第三产业用电占比情况

（二）人均居民生活用电量

2023 年全国人均居民生活用电量为 959 千瓦·时/人，各省份的人均居民生活用电量如图 2-15 所示。

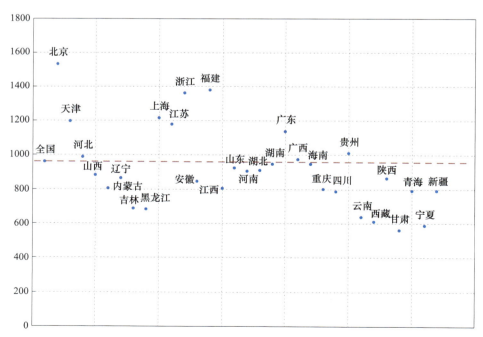

图 2-15　2023 年各省份人均居民生活用电情况

由如图 2-15 可见，北京是人均居民生活用电量最大的城市。北京、福建、浙江、上海、天津、江苏、广东、贵州 8 个省市的人均居民生活用电量均超过 1000 千瓦·时，基本上进入发达国家初期的水平；其余所有省份的年人均居民生活用电量都在 500～1000 千瓦·时之间，其中有 21 个省份低于全国平均水平，位于西部的甘肃、宁夏、西藏、云南以及东北的黑龙江、吉林，这些省份夏季高温日数相对偏少，空调负荷相对较少，人均居民生活用电量均低于 700 千瓦·时。

（三）用电密度

以单位国土面积的全社会用电量作为用电密度，计算全国和各省份 2023 年的用电密度。2023年全国平均用电密度为 95.7 万千瓦·时/平方公里，各省份的用电密度如图 2-16 所示。

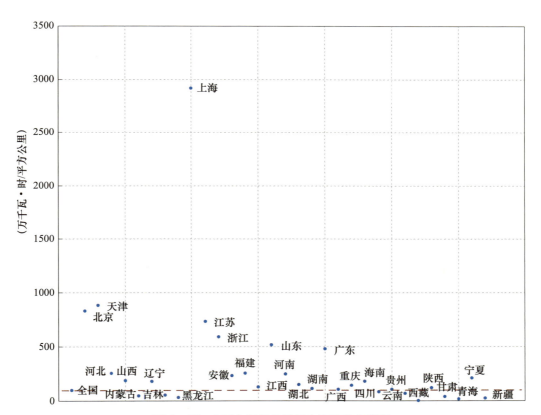

图 2-16 2023 年各省份用电密度分布情况

上海是用电密度最高的省级行政区域，远远超出所有其他省（自治区、直辖市），达到2916 万千瓦·时/平方公里，是排第二天津的 3.3 倍，是全国平均水平的 30.5 倍。

天津、北京、江苏、浙江、山东四省市的用电密度在 500 万～1000 万千瓦·时/平方公里之间，也都远远超出全国平均水平，广东用电密度接近 500 万千瓦·时/平方公里。其余省份都在 300 万千瓦·时/平方公里以下，其中，西藏、青海、新疆、黑龙江、甘肃、内蒙古、吉林用电密度均低于 50 万千瓦·时/平方公里。

（四）地区度电产值

2023 年全国 GDP 度电产值平均水平为 13.67 元/（千瓦·时），比上年降低 0.34 元/（千瓦·时）。其中，17 个地区高于全国平均水平，14 个地区低于全国平均水平。北京［32.23 元/（千瓦·时）］、上海［25.54 元/（千瓦·时）］、湖南［21.97 元/（千瓦·时）］位居全国前三位，重庆和湖北的地区生产总值度电产值也超过了 20 元/（千瓦·时）；青海、宁夏、新疆、内蒙古、甘肃、山西、河北度电产值均低于 10 元/（千瓦·时）。2023 年各地区生产总值度电产值分布情况如图 2－17 所示。

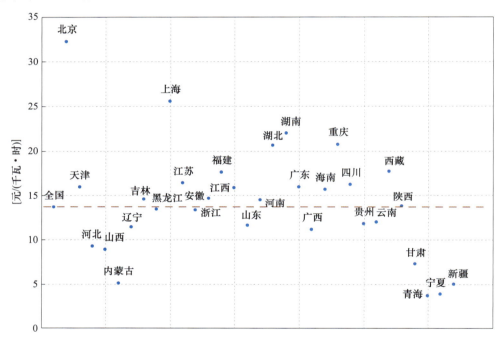

图 2－17　2023 年各地区生产总值度电产值分布情况

2023 年全国第一产业增加值度电产值平均水平为 70.28 元/千瓦·时。其中，青海［287.69 元/（千瓦·时）］、重庆［248.54 元/（千瓦·时）］第一产业度电产值超过 200 元/（千瓦·时）。2023 年各地区第一产业度电产值分布情况如图 2－18 所示。

2023 年全国第二产业增加值度电产值平均水平为 7.94 元/（千瓦·时）。其中，北京［21.78 元/（千瓦·时）］、湖南［16.58 元/（千瓦·时）］第二产业度电产值超过 15 元/（千瓦·时）；重庆、上海、西藏、湖北、福建、广东、江西、江苏、陕西第二产业度电产值超过 10 元/（千瓦·时）；青海、宁夏、新疆、内蒙古、甘肃第二产业度电产值低于 5 元/（千瓦·时）。2023 年各地区第二产业度电产值分布情况如图 2－19 所示。

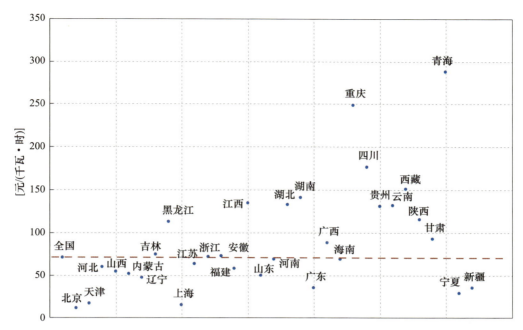

图 2-18 2023 年各地区第一产业度电产值分布情况

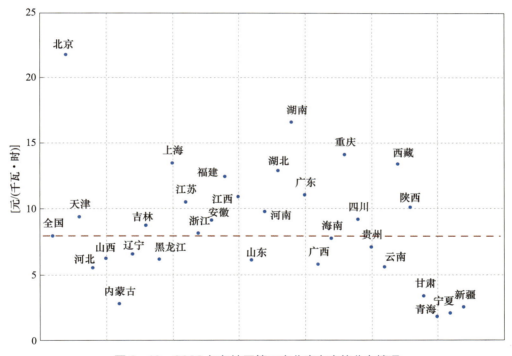

图 2-19 2023 年各地区第二产业度电产值分布情况

2023 年全国第三产业增加值度电产值平均水平为 41.22 元/（千瓦·时）。其中，湖南［54.59 元/（千瓦·时）］、湖北［54.22 元/（千瓦·时）］、上海［52.47 元/（千瓦·时）］、福建［52.36 元/（千瓦·时）］、北京［51.98 元/（千瓦·时）］、江苏［50.35 元/（千瓦·时）］、山东［50.09 元/（千瓦·时）］第三产业度电产值超过 50 元/（千瓦·时）；新疆、甘肃、宁夏、河北第三产业度电产值低于 25 元/（千瓦·时）。2023 年各地区第三产业度电产值分布情况如图 2-20 所示。

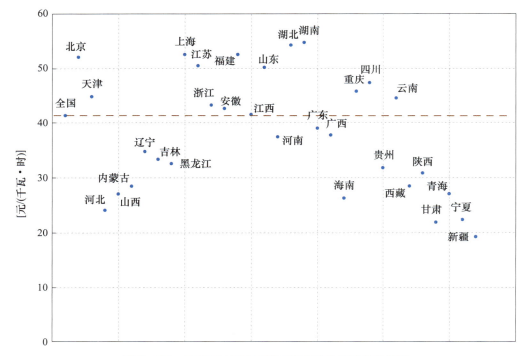

图 2-20　2023 年各地区第三产业度电产值分布情况

第三节　行业消费

2023 年，在外部环境复杂严峻，国内有效需求不足、市场预期转弱、部分行业产能过剩等诸多压力下，我国宏观经济克服困难，国民经济实现回升向好局面，国内生产总值（GDP）达到 126 万亿元，按不变价格计算，同比增长 5.2%，增速比 2022 年提高 2.2 个百分点，圆满完成了经济预期目标。从用电消费来看，2023 年，全国全社会用电量 9.2 万亿千瓦·时，同比增长 6.7%，增速比 2022 年高出 3.1 个百分点，比 GDP 增速（5.2%）高出 1.6 个百分点。

一、分行业用电

（一）三次产业及居民用电

2019-2023 年这五年❶，第一产业、第二产业、第三产业、城乡居民生活用电量年平均

---

❶ 2023 年五年年平均增速以 2019 年相应同期为基期计算，2023 年三年年平均增速以 2021 年相应同期为基期计算，采用几何平均的方法计算增速。

增长分别为 11.3%、4.8%、9.0%、6.9%。除第二产业外，其他产业均高于全社会用电量年均增长率（5.9%）。其中，第一产业用电量连续四年保持两位数增速，主要是乡村电气化加速农业产业转型升级，助力乡村振兴拉动用电增长；其次城乡居民生活用电受气温等因素影响，增速继连续四年攀升后明显放缓；第三产业用电增速在冲高趋缓，呈现稳步恢复态势。

2023 年，第一产业和第三产业用电量增长较快，同比均超过 10%。随着农村生产、乡村电气化改造持续推进，第一产业用电量继续保持快速增长势头，第一产业用电量 1277 亿千瓦·时，同比增长 11.4%；第三产业用电量 16696 亿千瓦·时，同比增长 12.2%。第二产业用电量 60750 亿千瓦·时，同比增长 6.5%；受上年高基数影响，城乡居民生活用电量 13514 亿千瓦·时，同比增长 0.8%，增速较低。

2019－2023 年三次产业、生活用电量及全社会用电量年均增长率如图 2－21 所示。

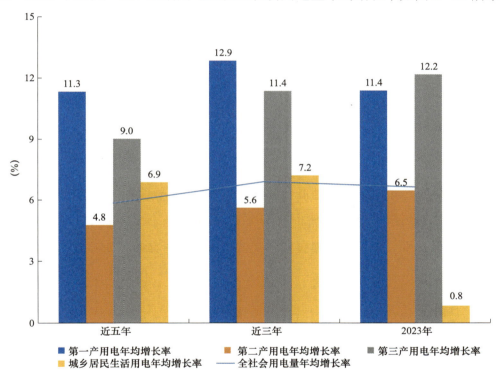

图 2－21　2019－2023 年三次产业、生活用电量及全社会用电量年均增长率

2019－2023 年，全社会用电量逐年增长，电力消费结构不断变化，第二产用电占比继续收缩，第一产业、第三产业、城乡居民生活用电占比有所提升。第二产业用电比重由 2019 年的 68.4% 下降到 2023 年的 65.9%，占比下降 2.6 个百分点。由于农业电气化水平持续提升，智能家居、新能源汽车充电、大数据中心等多元化用电需求增长，传统制造业等产业用能方式转型升级，服务业经济加速发展等，进一步刺激电力消费需求增长，第一产业、第三产业和居民生活用电占比分别提高 0.3、1.7、0.5 个百分点。

2019－2023 年三次产业及居民用电占比变化如图 2－22 所示。

图 2-22　2019-2023 年三次产业及居民用电占比变化

（二）工业及制造业

2019-2023 年，全国工业用电量年均增长 4.8%，前三年年均增速 4.5%。面对 2020 年以来疫情的冲击，我国加快经济恢复重组，工业生产恢复较快，2021 年较 2020 年增速提高 6.4 个百分点。但随着海外供需缺口收窄和国内疫情的反复，2022 年我国工业用电量增速有所回落，较 2021 年回落 7.8 个百分点。2023 年是疫情后恢复第一年，增速呈倒 "V" 型后回升，全年工业用电量同比增长 6.7%，比去年提高 5.4 个百分点，较疫情前的 2019 年高 3.8 个百分点，同时也显著高于规模以上工业增加值增速 2.1 个百分点。

2019-2023 年工业、制造业用电量增速及增加值增速情况如图 2-23 所示。

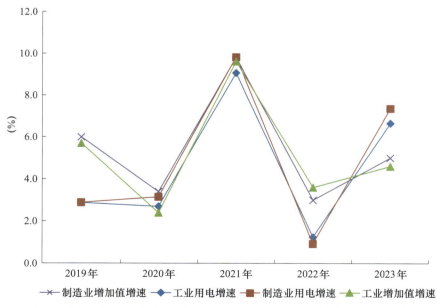

图 2-23　2019-2023 年工业、制造业用电量增速及增加值增速情况

（三）重点行业

2019－2023 年，四大高载能行业用电量占全社会用电量比重从 27.8%下降到 26.4%，下降 1.5 个百分点，各年对全社会用电量同比的拉动分别为 0.6、1.1、1.8、0.1 个百分点和 1.4 个百分点；高技术及装备制造业用电量占全社会用电量比重从 10.2%增长到 11.0%，占比持续扩大，各年对全社会用电量同比的拉动分别为 0.4、0.4、1.6、0.3 个百分点和 1.2 个百分点；消费品制造业用电量占全社会用电量比重保持在 6%左右，各年对全社会用电量同比的拉动分别为 0.2、−0.1、0.8、−0.1 个百分点和 0.4 个百分点。2023 年，四大高载能对全社会用电量由上年的拉动 0.1 个百分点，提高到拉动 1.4 个百分点，上年基数偏低是拉动较高的主要原因。

2019－2023 年重点行业对全社会用电量拉动力对比如图 2－24 所示。

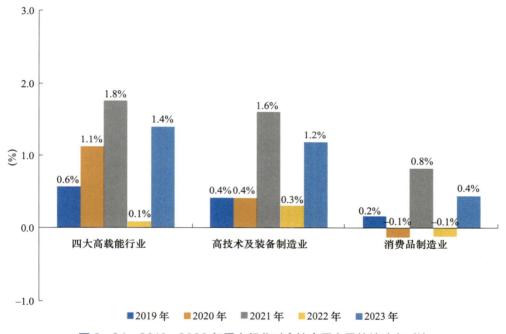

图 2－24　2019－2023 年重点行业对全社会用电量的拉动力对比

此外，大数据中心、充电桩等新型基础设施保持快速增长，为电力需求增长提供支撑。据《全国数据资源调查报告（2023 年）》显示，截至 2023 年年底，2200 多个算力中心的算力规模约 0.23 十万亿亿次浮点运算/秒（ZFLOPS），同比增长约为 30%。与此同时，大模型训练算力需求高涨，科学、政务、金融、工业等行业算力需求也越来越多，算力的需求拉动用电需求，互联网数据服务业用电量同比增长 28.0%。截至 2023 年年底，全国新能源汽车保有量达 2041 万辆，占汽车总量的 6.1%；其中纯电动汽车保有量达 1552 万辆，占新能源汽车保有量的 76.0%，纯电动汽车保有量的大幅提升，对充电设施的需求也随之增加，拉动全年充换电服务业用电量同比增长 78.1%。

1. 四大高载能行业

2019－2023 年，四大高载能行业用电量年均同比增长 4.2%，低于全社会用电量年均增速（5.9%）1.6 个百分点，各年增速分别为 2.0%、4.0%、6.3%、0.3%和 5.4%。

2019－2023 年四大高载能行业用电增速如图 2－25 所示。

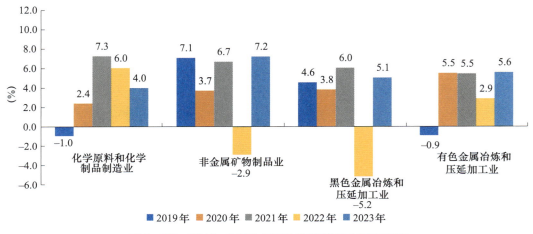

图 2－25　2019－2023 年四大高载能行业用电增速

2019－2023 年，化学原料和化学制品制造业、非金属矿物制品业、黑色金属冶炼和压延加工业、有色金属冶炼和压延加工业的年均用电增速分别为 4.7%、4.1%、3.2%、4.8%。

2023 年，化学原料和化学制品制造业用电量同比增长 4.0%。国家统计局统计显示，2023 年，化学原料和化学制品制造业工业增加值同比增长 9.6%，较工业增加值平均水平高 5.0 个百分点。纯碱、烧碱（折 100%）、硫酸（折 100%）等大宗原料产量同比分别增长 10.1%、3.5%、3.4%。

2023 年，房地产行业仍处于深度调整阶段，建材市场价格回落，水泥价格低迷，市场需求持续疲软，全年水泥、平板玻璃产量均呈负增长。从用电量角度看，非金属矿物制品业用电量同比增长 7.2%，主要是上年基数偏低。国家统计局统计显示，2023 年，非金属矿物制品业增加值同比下降 0.5%，规模以上企业水泥产量为 20.2 亿吨，同比下降 0.7%，平板玻璃产量 96942 万重量箱，同比下降 3.9%。数字水泥网数据显示，2023 年全国水泥市场平均成交价为 394 元/吨（P.O42.5 散到位价），同比大幅回落 15%，价格处于近六年最低水平。

2023 年，钢材生产强于消费，出口量大幅增长，进口延续低位运行。黑色金属冶炼和压延加工业用电量同比增长 5.1%，增速较上年由负转正。国家统计局统计显示，2023 年黑色金属冶炼和压延加工业增加值同比增长 7.1%，较工业增加值平均水平高 2.5 个百分点。粗钢产量 10.2 亿吨，同比持平；钢材产量 13.6 亿吨，同比增长 5.2%。受国内钢铁行业需求偏弱、海外需求和价格有相对优势等影响，全年累计出口钢材 9026❶万吨，同比增长 36.2%。全年累计进口钢材 764.5 万吨，同比下降 27.6%。

2023 年，有色金属行业生产保持平稳。有色金属冶炼和压延加工业用电量同比增长 5.6%。国家统计局统计显示，2023 年，有色金属冶炼和压延加工业规模以上工业增加值同比增长 8.8%，较工业增加值平均水平高 4.2 个百分点。十种有色金属产量首次突破 7000 万吨，达到 7470 万吨，同比增长 7.1%。其中，精炼铜产量 1299 万吨，同比增长 4.5%；电解铝产量 4159 万吨，同比增长 3.7%。

2019−2023 年四大高载能行业用电量与其产品产量的增速如图 2−26 所示。

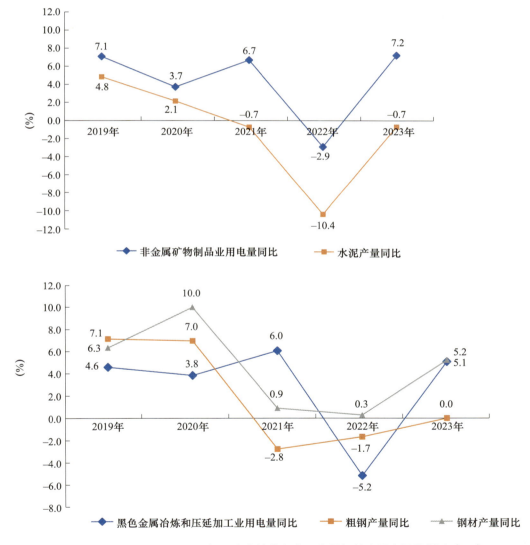

图 2−26　2019−2023 年四大高载能行业用电量与其产品产量的增速（一）

❶ 数据来源于中华人民共和国海关总署。

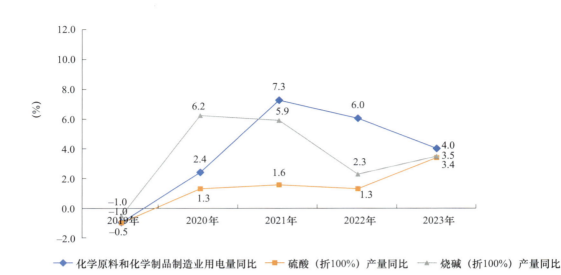

图 2-26　2019-2023 年四大高载能行业用电量与其产品产量的增速（二）

2. 高技术及装备制造业

2019-2023 年，高技术及装备制造业年均用电量增速为 7.5%，比全社会年均增速（5.9%）高 1.7 个百分点，各年增速分别为 4.2%、4.1%、15.8%、2.9% 和 11.2%。

2023 年，电气机械和器材制造业用电量同比增长 28.7%，分别超出工业、高技术制造业 22.0、17.4 个百分点。国家统计局统计显示，规模以上电气机械和器材制造业工业增加值同比增长 12.9%，分别超出比工业、高技术制造业 8.3、10.2 个百分点。主要产品中，规模以上发电机组（发电设备）产量达到了 2.3 亿千瓦，同比增长 28.5%；规模以上太阳能电池（光伏电池）产量 5.4 亿千瓦，增长 54.6%。

2023 年，计算机/通信和其他电子设备制造业用电量同比增长 10.4%，增速比高技术制造业低 0.8 个百分点，但比工业用电量高 3.8 个百分点。国家统计局统计显示，计算机/通信和其他电子设备制造业生产恢复向好，规模以上电子信息制造业增加值同比增长 3.4%，增速比同期工业低 1.2 个百分点，但比高技术制造业高 0.7 个百分点。主要产品中，手机产量 15.7 亿台，同比增长 6.9%，其中智能手机产量 11.4 亿台，同比增长 1.9%；微型计算机设备产量 3.31 亿台，同比下降 17.4%；集成电路产量 3514 亿块，同比增长 6.9%。

2023 年，汽车制造业用电量同比增长 16.8%，分别超出工业、高技术制造业 10.1、5.5 个百分点。国家统计局统计显示，规模以上汽车制造业工业增加值同比增长 13.3%，分别超出比工业、高技术制造业 8.4、10.3 个百分点。中国汽车工业协会统计显示，2023 年，汽车产销分别完成 3016.1 万辆和 3009.4 万辆，同比分别增长 11.6% 和 12%，与 2022 年相比，产量增速提升 8.2 个百分点，销量增速提升 9.9 个百分点，其中，新能源汽车产销分别完成 958.7 万辆和 949.5 万辆，同比分别增长 35.8% 和 37.9%，新能源汽车继续保持强劲增长。

2019—2023 年高技术及装备制造业用电量增速如图 2-27 所示。

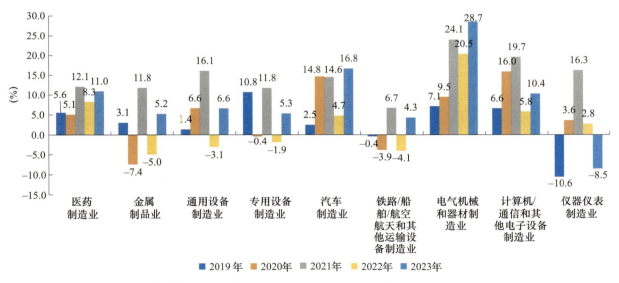

图 2-27　2019—2023 年高技术及装备制造业用电量增速

3. 消费品制造业

2019—2023 年，消费品制造业年均用电量增速为 3.9%，比全社会年均增速（5.9%）低 2.0 个百分点，各年增速分别为 2.3%、−1.8%、12.5%、−1.7% 和 7.0%。消费品制造业用电量继 2021 年高速增长后，2022 年多类消费品制造业从两位数增长回落到负增长，随着疫情平稳转段，2023 年呈现恢复态势，纺织业、家具制造业等消费品制造业由负转正。

2019－2023 年消费品制造业用电量增速如图 2－28 所示。

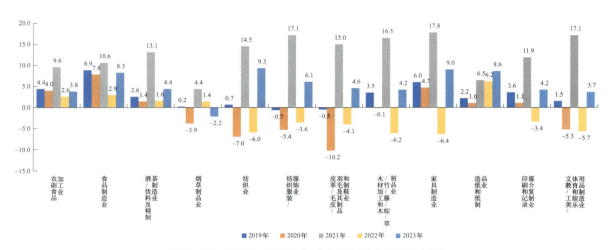

图 2－28　2019－2023 年消费品制造业用电量增速

二、分地区用电

（一）行业用电分布

1. 工业用电量

2019－2023 年，东部、中部、西部、东北部地区年均工业用电量增速分别为 4.3%、4.3%、6.2%、2.3%。2023 年，四大区域用电增速较上年均有所提升，东部、东北部地区工业用电量增速由负转正；西部、中部地区工业用电量增速分别提高 5.5 个百分点和 1.9 个百分点。

2019－2023 年分地区工业用电量增速如图 2－29 所示。

从产业结构看，四大区域中，西部地区工业用电量占本区域全社会用电量比重最高，超过 70%，中部地区占比最低，占比逐年缩小，近两年已经下降到 60% 以下。东部、东北地区占比也都超过 60%。2019－2023 年，四大区域工业用电量占本区域全社会用电量比重均有所缩小，其中，中部地区工业用电量占比降幅最大，下降 4.6 个百分点；东部地区工业用电量占比下降 3.7 个百分点；东北地区工业用电量占比下降 3.5 个百分点。

2019－2023 年工业占本区域用电量比重变化情况如图 2－30 所示。

2. 四大高载能行业

2019－2023 年，东部、中部、西部、东北部地区四大高载能行业年均用电量增速分别为

3.2%、2.5%、5.9%和0.2%。2023年，西部地区增长较快，同比增长8.1%；东部、中部、东北部地区增速较上年均由负转正，同比分别增长3.4%、2.5%和1.2%。

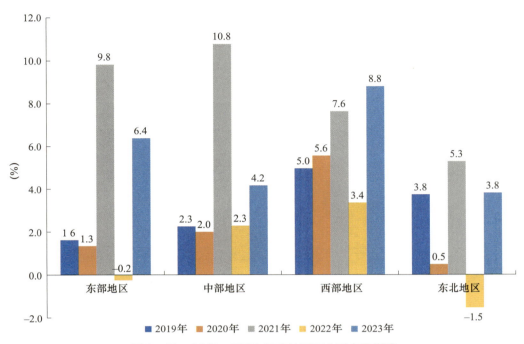

图2-29　2019-2023年分地区工业用电量增速

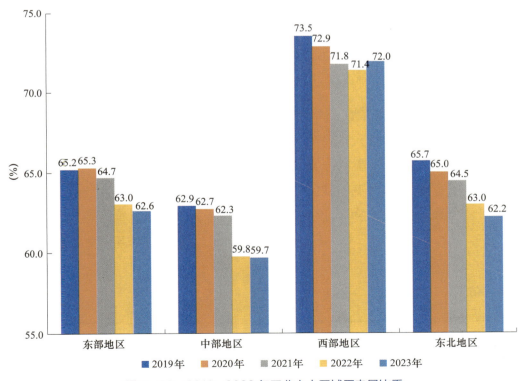

图2-30　2019-2023年工业占本区域用电量比重

2019–2023 年四大高载能行业用电量增速情况如图 2–31 所示。

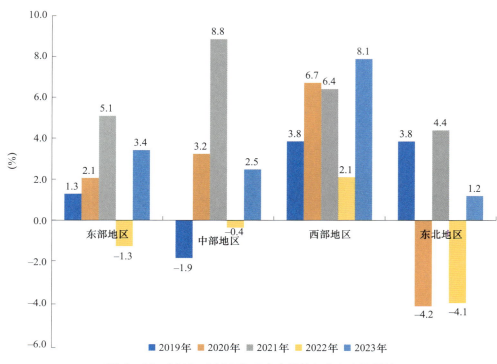

图 2–31　2019–2023 年四大高载能行业用电量增速

从产业结构看，西部地区四大高载能行业用电量占本区域用电量的比重超过 40%，中部、东北地区的比重基本上维持在 20% 左右。总体上，2019–2023 年，各区域四大高载能行业用电量占本区域用电量的比重小幅波动，其中，西部地区从 44.0% 下降到 43.0%，下降了 1.0 个百分点，东北地区下降了 3.4 个百分点，中部地区下降了 2.2 个百分点，东部地区下降了 1.7 个百分点，其占比降低至 18.3%，为各区域最低。

2019–2023 年四大高载能占本区域用电量比重如图 2–32 所示。

3. 高技术及装备制造业

2018–2023 年，东部、中部、西部、东北部地区高技术及装备制造业行业年均用电量增速分别为 5.4%、11.7%、16.2% 和 3.7%。2023 年，西部、中部地区高技术及装备制造业用电同比保持快速增长，分别增长 28.5% 和 13.5%，较上年分别提高 10.6 个百分点和 6.8 个百分点；东部、东北部地区同比分别增长 7.7% 和 7.1%，较上年均由负转正。

2019–2023 年高技术及装备制造业用电量增速如图 2–33 所示。

从产业结构看，四大区域的高技术及装备制造业占比均有所扩大，其中东部地区高技术及装备制造业用电量占本区域用电量比重最大，超过 15%，中部地区，2023 年占比超过 10%，西部地区占比最小，但占比规模提升较快，从 2019 年的 3.7% 增长到 2023 年的 5.3%，提高 1.7 个百分点。

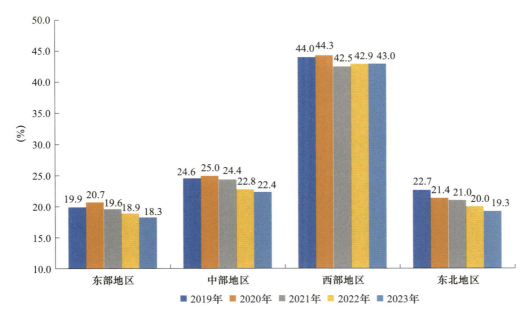

图 2－32　2019－2023 年四大高载能行业用电量占本区域用电量比重

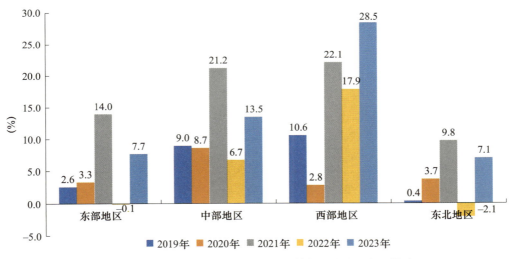

图 2－33　2019－2023 年高技术及装备制造业用电量增速

2019－2023 年高技术及装备制造业用电量占本区域用电量比重如图 2－34 所示。

4．消费品制造业

2019－2023 年，东部、中部、西部、东北部地区消费品制造业行业年均用电量增速分别为 3.0%、5.6%、7.0% 和 4.0%。2023 年，西部、中部地区消费品制造业同比分别增长 9.5% 和 6.4%，较上年分别提高 5.7、5.8 个百分点；东部、东北地区同比分别增长 6.8% 和 3.2%，较上年均有负转正。

2019－2023 年消费品制造业用电量增速如图 2－35 所示。

图 2-34 2019-2023 年高技术及装备制造业用电量占本区域用电量比重

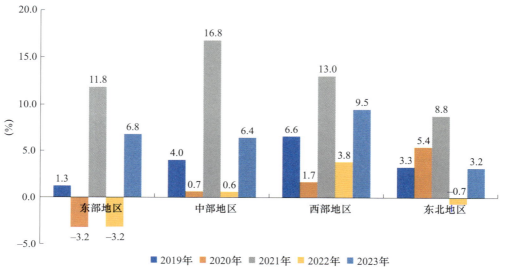

图 2-35 2019-2023 年消费品制造业用电量增速

从产业结构看，东部地区消费品制造业占比较大，但过去五年呈现逐年下降的趋势。2019-2023 年消费品制造业用电量占本区域用电量比重如图 2-36 所示。

（二）行业用电转移

工业经济总体呈现回升向好态势，产业结构持续优化。2023 年，全国制造业规模以上工业增加值同比增长 5.0%，其中，装备制造业增加值比上年增长 6.8%，高技术制造业增加值增长 2.7%，分别占规模以上工业增加值比重为 33.6%、15.7%。高技术产业投资比上年增长 10.3%，制造业技术改造投资增长 3.8%。

图 2-36 2019-2023 年消费品制造业用电量占本区域用电量比重

产业转移的大背景下，国家重要产业分布逐渐从沿海向中西部转移。分区域看，东部地区主要是以轻工业劳动密集型产业的制造业为绝对优势产业，以专用设备制造、铁路/船舶/航空航天和其他运输设备制造业、计算机/通信和其他电子设备制造业等技术密集型产业为相对优势产业，区位优势相比于其他地区高；中部地区的产业集中度较低，没有绝对优势产业；依托资源能源条件优势，西部地区以有色金属冶炼和压延加工业、化学原料和化学制品制造业为绝对优势产业；东北地区以石油/煤炭及其他燃料加工业为绝对优势产业。2023 年各区域相对优势、绝对优势产业见表 2-6。

表 2-6 2023 年各区域相对优势、绝对优势产业❶

区域	相对优势产业	绝对优势产业
东部	通用设备制造业、专用设备制造业、铁路/船舶/航空航天和其他运输设备制造业、其他制造业、计算机/通信和其他电子设备制造业、木材加工和木/竹/藤/棕/草制品业、电气机械和器材制造业、汽车制造业、医药制造业、食品制造业、废弃资源综合利用业（11 个）	文教/工美/体育和娱乐用品制造业、皮革/毛皮/羽毛及其制品和制鞋业、纺织服装/服饰业、纺织业、化学纤维制造业、仪器仪表制造业、橡胶和塑料制品业、金属制品业、印刷和记录媒介复制业、家具制造业、造纸和纸制品业、金属制品/机械和设备修理业（12 个）

❶ 电力消费是反映经济增长的晴雨表，这使得通过行业用电数据观察行业产业转移成为可能。区位熵常用以衡量某一区域要素的空间分布情况，反应某一产业的专业化程度，以及某一区域在高层次区域的地位和作用等，体现制造业整体行业的专业化分工水平，现将用电量引入区位熵指标进一步衡量产业分布情况。其计算公式为

$$Q_{ij} = \frac{e_{ij} / e_i}{E_{nj} / E_n}$$

公式中的 Q_{ij} 为区位熵；e_{ij} 为第 i 个地区制造业 j 行业用电量；e_i 为第 i 个地区制造业用电量；E_{nj} 为全国制造业 j 行业的用电量；E_n 为全国制造业用电量。当 $Q_{ij} > 1$ 时，认为该行业在地区生产中存在区位优势；当 $Q_{ij} \leq 1$ 时，认为该行业在地区生产中无比较优势；当区位熵增加时，优势增加，区位升级；当区位熵减小时，比较优势降低，区位地位下降。

续表

区域	相对优势产业	绝对优势产业
中部	烟草制品业、非金属矿物制品业、废弃资源综合利用业、汽车制造业、农副食品加工业、电气机械和器材制造业、医药制造业、计算机/通信和其他电子设备制造业、食品制造业、酒/饮料及精制茶制造业、黑色金属冶炼和压延加工业、木材加工和木/竹/藤/棕/草制品业、专用设备制造业其他制造业（14个）	—
西部	烟草制品业、非金属矿物制品业、黑色金属冶炼和压延加工业（3个）	有色金属冶炼和压延加工业、化学原料和化学制品制造业（2个）
东北	农副食品加工业、汽车制造业、酒/饮料及精制茶制造业、食品制造业、黑色金属冶炼和压延加工业、铁路/船舶/航空航天和其他运输设备制造业、通用设备制造业、非金属矿物制品业、医药制造业、废弃资源综合利用业、专用设备制造业、烟草制品业（12个）	石油/煤炭及其他燃料加工业（1个）

随着科技的进步和消费市场的变化，制造业发展必然向技术密集型和高附加值方向转型升级。从用电转移角度，探讨技术密集型产业转移的现状及趋势。

2018—2023 年的各区域产业区位熵情况如图 2—37 和图 2—38 所示，从图中可以看出东部地区保持相对区位优势，仍是技术密集型产业的制造中心，但产业逐步向中西部地区聚集，位于长江经济带的长三角、中三角、成渝的中西部省份在承接技术密集型产业方面具有先发优势，特别是中三角区位优势上升明显，这些省份的高技术人才和产业基础都更有优势，更容易与东部省份在相关产业上各有分工、有机融合、形成合力，在承接东部技术密集型产业转移、发展高新技术产业方面发挥更重要的作用。

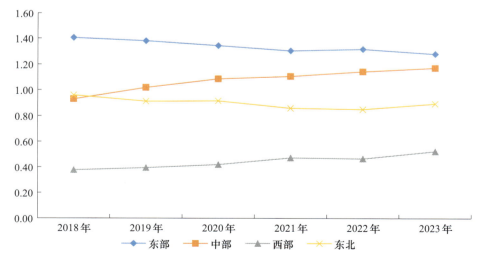

图 2—37　技术密集型产业区位熵在四大区域分布情况

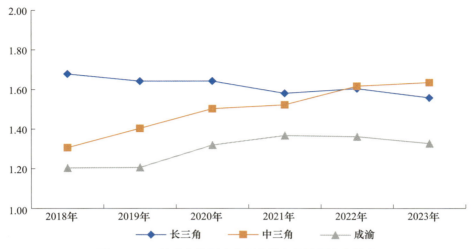

图 2-38　技术密集型产业区位熵在经济圈分布情况

技术密集型产业区位优势前三的主要是北京、上海和吉林。其中北京仪器仪表制造业、专用设备制造业、医药制造业等区位优势明显。根据北京市统计局数据，2023 年北京市高端或新兴领域产品生产快速增长，风力发电机组、液晶显示模组、新能源汽车、医疗仪器设备及器械产量分别增长 68.8%、39.2%、35.6%和 26.7%。北京医药产业发展呈现全面提速的发展态势，2022 年北京医药健康产业总体规模达 8916 亿元，从 2018 年的 6560 亿元增长到 8916 亿元，年均增速 7.9%。作为重点发展的"高精尖"产业之一，北京医疗器械产业创新产品领跑全国，新技术、新产品、新业态相互融合，众多原始创新产品填补了国内外医疗器械行业的空白。此外《北京市加快医药健康协同创新行动计划（2024－2026 年）》，其中提到：到 2026 年的医药健康产业总规模达到 1.25 万亿元（其中，医药工业营业收入达到 2400 亿元），固定资产投资每年 100 亿元以上。

上海近几年在新能源汽车产业逐步发力，汽车制造业区位上升优势明显。2023 年新能源汽车产量达 128.68 万辆，排名全国第二。究其原因，一方面拥有特斯拉上海超级工厂与上汽等整车企业的产能贡献；另一方面，上海乃至整个长三角地区新能源汽车产业链的布局相比其他地区优势明显。据数据显示，上海是全球少数拥有三个以上主机厂的城市，拥有超过全产业链核心零部件配套企业，以特斯拉为例，其上海工厂目前已实现零部件本地化率 95%以上。2023 年，上海市进出口总值达到 4.2 万亿元人民币，其中电动汽车出口值首次超过千亿元，达到 1208.9 亿元，年增长 43.9%。上海拥有全国领先的整车生产基地和完善的汽车产业链，是中国汽车出海的核心区域，其老牌车企上汽 2023 年出口销量增长 18.75%，连续八年国内第一。而特斯拉上海超级工厂成为全球出口中心，支撑总部全球交付量的一半以上。

吉林省的汽车制造业区位优势明显，汽车产业是吉林省第一大支柱产业，汽车工业增加值占吉林全省工业的 1/4 以上，利润占全省工业的一半以上。作为中国一汽的"根据地"，吉林已经构建起坚实的汽车产业基础和较为完善的产业链体系，在延链、补链、固链、强链上，已形成后发优势，当前吉林正加快构建集新能源、智能网联汽车整车及关键零部件制造为一体的汽车产业新生态，充分发挥长春市汽车集群核心辐射带动作用，建立集群带动的工业发展新格局。

第三章

行业发展与电力供应

第一节 能源和电力政策

2023 年，国家共出台近 200 项与能源相关的政策，中央各部委陆续印发了支持、规范能源电力行业的发展政策。主要内容涉及构建新型电力系统，促进绿色低碳发展，保障能源安全稳定供应，推进电力现货市场建设，深化电力体制改革等。

其中，2023 年 5 月 9 日国家发展改革委印发《关于第三监管周期省级电网输配电价及有关事项的通知》（发改价格〔2023〕526 号），公布了第三监管周期省级电网输配电价，对完善输配电价监管体系、加快推动电力市场建设具有重要意义。7 月 25 日国家发展改革委等部门联合印发《关于做好可再生能源绿色电力证书全覆盖工作促进可再生能源电力消费的通知》（发改能源〔2023〕1044 号），有力推动绿证核发、交易全覆盖，为促进绿电消费奠定基础。9 月 7 日国家发展改革委、国家能源局联合印发《电力现货市场基本规则（试行）》（发改能源规〔2023〕1217 号），规范电力现货市场的建设与运营，是国家层面首次发布电力现货市场基本规则。11 月 8 日国家发展改革委、国家能源局联合印发《关于建立煤电容量电价机制的通知》（发改价格〔2023〕1501 号），决定建立煤电容量电价机制，此次电价改革具有里程碑式的意义，有利于推动新型电力系统电价机制的形成。

一、能源电力绿色发展相关政策

2023 年能源电力绿色发展相关政策见表 3-1。

表 3-1　　　　　　　　　2023 年能源电力绿色发展相关政策

发布时间	文件名称	主要内容
2 月 27 日	国家能源局关于印发加快油气勘探开发与新能源融合发展行动方案（2023—2025 年）的通知（国能发油气〔2023〕21 号）	到 2025 年，大力推动油气勘探开发与新能源融合发展，积极扩大油气企业开发利用绿电规模，主要发展目标是实现油气供给稳步增长、绿色发展效果显著、行业转型明显加快。部署了统筹推进陆上油气勘探开发与风光发电、统筹推进海上油气勘探开发与海上风电建设、加快提升油气上游新能源存储消纳能力、积极推进绿色油气田示范建设等方面的具体任务

发布时间	文件名称	主要内容
3月28日	国家能源局关于加快推进能源数字化智能化发展的若干意见（国能发科技〔2023〕27号）	到2030年，能源系统各环节数字化智能化创新应用体系初步构筑、数据要素潜能充分激活，一批制约能源数字化智能化发展的共性关键技术取得突破。从加快行业转型升级、推进应用试点示范、推动共性技术突破、健全发展支撑体系、加大组织保障力度等方面提出了多项举措
7月4日	国家发展改革委 国家能源局 国家乡村振兴局关于实施农村电网巩固提升工程的指导意见（发改能源规〔2023〕920号）	到2025年，农村电网网架结构更加坚强，装备水平不断提升，数字化、智能化发展初见成效。到2035年，基本建成安全可靠、智能开放的现代化农村电网，农村地区电力供应保障能力全面提升，城乡电力服务基本实现均等化。对三方面重点任务进行部署：一是精准升级农村电网，提升农村电网现代化水平；二是加强网源规划建设衔接，支撑农村可再生能源开发；三是推进配套供电设施建设，助力农村电气化水平提升
7月7日	国家能源局综合司关于印发《申请纳入抽水蓄能中长期发展规划重点实施项目技术要求（暂行）》的通知（国能综通新能〔2023〕84号）	部署了规范申请纳入中长期发展规划重点实施项目工作的具体要求：一是中长期规划外项目申请纳入规划重点实施项目、按每五年规划期明确的重点实施项目申请调整实施周期、规划储备项目申请调整为规划重点实施项目。二是申请纳规应以抽水蓄能发展需求为基础。三是申请纳规项目应加强功能定位、布局及建设时序等的分析论证。四是申请纳规项目应扎实做好具体技术分析工作，确保纳规项目技术可行、经济合理
7月19日	关于印发《氢能产业标准体系建设指南（2023版）》的通知（国标委联〔2023〕34号）	系统构建了氢能制、储、输、用全产业链标准体系，涵盖基础与安全、氢制备、氢储存和输运、氢加注、氢能应用5个子体系，按照技术、设备、系统、安全、检测等进一步分解，形成了20个二级子体系、69个三级子体系。部署了加快制修订氢能全产业链关键技术标准、积极提升氢能国际标准化水平的重点任务
10月19日	生态环境部、市场监管总局联合发布《温室气体自愿减排交易管理办法（试行）》	对全国温室气体自愿减排交易及其相关活动的各环节作出规定，明确了项目业主、审定与核查机构、注册登记机构、交易机构等各方权利、义务和法律责任，以及各级生态环境主管部门和市场监督管理部门的管理责任
10月20日	国家发展改革委关于印发《国家碳达峰试点建设方案》的通知（发改环资〔2023〕1409号）	明确选择100个具有典型代表性的城市和园区开展碳达峰试点建设，重点部署了确定试点任务、实施重点工程、强化科技创新、完善政策机制、开展全民行动等5方面试点建设内容。首批在15个省区开展碳达峰试点建设
10月29日	国家能源局关于印发《可再生能源利用统计调查制度》的通知（国能发新能〔2023〕74号）	统计内容为全国范围内可再生能源生产和消费等基础数据，全面及时了解全国可再生能源生产、消费、供销基本情况，加强对可再生能源运行的监测与监管。对调查对象和统计范围、调查方法、调查表式、主要指标解释等有明确说明
11月13日	国家发展改革委等部门关于加快建立产品碳足迹管理体系的意见（发改环资〔2023〕1529号）	分2025年、2030年两个阶段，从碳足迹核算规则、标准和碳标识认证等方面提出了构建产品碳足迹管理体系的总体目标。《意见》对五方面重点任务进行部署：一是制定产品碳足迹核算规则标准；二是加强产品碳足迹背景数据库建设；三是建立产品碳标识认证制度；四是丰富产品碳足迹应用场景；五是推动碳足迹国际衔接互认
11月28日	国家发展改革委办公厅关于印发首批碳达峰试点名单的通知（发改办环资〔2023〕942号）	确定张家口市等25个城市、长治高新技术产业开发区等10个园区为首批碳达峰试点城市和园区
12月13日	国家发展改革委等部门关于加强新能源汽车与电网融合互动的实施意见（发改能源〔2023〕1721号）	提出两个发展目标，一是到2025年，初步建成车网互动技术标准体系，全面实施和优化充电峰谷分时电价，市场机制建设和试点示范取得重要进展；二是到2030年，我国车网互动实现规模化应用，智能有序充电全面推广，新能源汽车成为电化学储能体系的重要组成部分，力争为电力系统提供千万千瓦级的双向灵活性调节能力。明确协同推进车网互动核心技术攻关、加快建立车网互动标准体系、优化完善配套电价和市场机制、探索开展双向充放电综合示范、积极提升充换电设施互动水平、系统强化电网企业支撑保障能力等六项重点任务

二、能源电力保供相关政策

（一）电力安全生产运行方面

2023 年电力安全生产运行方面相关政策见表 3-2。

表 3-2　　　　　　　　　2023 年电力安全生产运行方面相关政策

发布时间	文件名称	主要内容
1 月 4 日	国家能源局关于印发《2023 年能源监管工作要点》的通知（国能发监管〔2023〕4 号）	提出重点抓好七方面工作：一是聚焦市场监管，进一步强化电力市场体系建设；二是聚焦安全监管，进一步强化防范化解电力安全风险；三是聚焦行业监管，进一步强化对国家重大能源规划、政策、项目落实情况监督；四是聚焦监管为民，进一步强化对自然垄断环节监管；五是聚焦资质信用，进一步提升电力市场准入和能源信用监管水平；六是聚焦行政执法，进一步提升能源领域行政执法力度；七是聚焦党建引领，进一步加强干部队伍监管能力建设
1 月 17 日	国家能源局综合司关于印发《2023 年电力安全监管重点任务》的通知（国能综通安全〔2023〕4 号）	部署了保持电力安全生产形势稳定的六项重点任务：一是认真学习贯彻党的二十大精神和习近平总书记关于安全生产重要论述；二是认真贯彻党中央、国务院决策部署；三是防范化解重大电力安全风险；四是开展电力安全专项监管和重点监管；五是持续提升安全监管工作效能；六是做好日常安全监管工作；七是加强电力应急管理
1 月 17 日	国家发展改革委等部门关于修订印发《煤矿安全改造中央预算内投资专项管理办法》的通知（发改能源规〔2023〕80 号）	本次修订主要内容包括：一是调整资金安排方式。将资金安排方式由切块下达改为打捆下达，资金安排与煤炭增产保供等政策落实情况挂钩。二是优化资金重点投向。专项资金在继续支持煤矿重大灾害治理的同时，鼓励引导煤矿加快智能化发展、加大煤矿瓦斯综合利用、推广煤炭绿色开发、支持煤矿内的存煤设施改造。三是细化资金补助标准。资金来源以企业自有、银行贷款为主。单个煤矿安全改造项目中央预算内投资占比上限为 25%，投资补助额度不超过 3000 万元
3 月 9 日	国家能源局关于印发《防止电力生产事故的二十五项重点要求（2023 版）》的通知（国能发安全〔2023〕22 号）	从防止人身伤亡事故；火灾事故；电气误操作；系统稳定破坏；机网协调及风电机组、光伏逆变器大面积脱网；锅炉；压力容器等承压设备爆破；汽轮机、燃气轮机；分散控制系统失灵；发电机及调相机损坏；发电机励磁系统；大型变压器和互感器损坏；开关设备；接地网和过电压；架空输电线路；污闪；电力电缆损坏；继电保护及安全自动装置；电力自动化系统、电力监控系统网络安全、电力通信网及信息系统；串联电容器补偿装置和并联电容器装置；直流换流站设备损坏和单双极强迫停运；发电厂、变电站全停及重要电力用户停电；水轮发电机组；垮坝、水淹厂房及厂房坍塌；重大环境污染等 25 类事故提出重点要求
4 月 6 日	国家能源局关于印发《2023 年能源工作指导意见》的通知（国能发规划〔2023〕30 号）	对 2023 年供应保障能力、结构转型、质量效率等方面提出具体预期目标。对着力增强能源供应保障能力、深入推进能源绿色低碳转型、提升能源产业现代化水平、扎实推动区域能源协调发展、加强能源治理能力建设、扩大能源领域高水平开放合作等六方面给出具体指导意见
6 月 5 日	国家能源局关于印发《风电场改造升级和退役管理办法》的通知（国能发新能规〔2023〕45 号）	鼓励并网运行超过 15 年或单台机组容量小于 1.5 兆瓦的风电场开展改造升级，并网运行达到设计使用年限的风电场应当退役，经安全运行评估，符合安全运行条件可以继续运营。该办法于发布之日执行，为期五年

发布时间	文件名称	主要内容
7月21日	国家发展改革委等部门关于促进退役风电、光伏设备循环利用的指导意见（发改环资〔2023〕1030号）	分2025年、2030年两个阶段，从责任机制、标准体系、技术创新、产业培育等方面提出了退役风电、光伏设备循环利用的工作目标。还部署了6方面重点任务，包括大力推进绿色设计、建立健全退役设备处理责任机制、完善设备回收体系、强化资源再生利用能力、稳妥推进设备再制造、规范固体废弃物无害化处置
9月7日	国家发展改革委 国家能源局关于印发《电力负荷管理办法（2023年版）》的通知（发改运行规〔2023〕1261号）	结合能源电力安全保供新要求，进一步规范电力负荷管理工作流程，做实做细电力负荷管理工作。共包括总则、需求响应、有序用电、系统支撑、保障措施、附则等6章44条，主要修订了以下几方面内容：一是明确负荷管理内涵；二是强化电力负荷管理科学性和规范性；三是强化技术平台建设。该办法自2023年10月1日起施行，为期5年
9月15日	国家发展改革委等部门关于印发《电力需求侧管理办法（2023年版）》的通知（发改运行规〔2023〕1283号）	指出加强全社会用电管理，综合采取合理可行的技术、经济和管理措施，优化配置电力资源，在用电环节实施节约用电、需求响应、绿色用电、电能替代、智能用电、有序用电，推动电力系统安全降碳、提效降耗。共54条，主要修订了以下几方面内容：一是新增需求响应章节。二是拓宽绿色发展内容。三是强化电力安全底线思维。四是充分运用新一代信息技术手段。该办法自2023年10月1日起施行，为期5年
9月21日	国家发展改革委 国家能源局关于加强新形势下电力系统稳定工作的指导意见（发改能源〔2023〕1294号）	阐述了新形势下稳定工作总体思路，即通过夯实稳定物理基础、强化稳定管理体系、加强科技创新支撑，保障电力安全可靠供应。明确了夯实电力系统稳定基础，加强电力系统全过程稳定管理、构建稳定技术支撑体三方面的具体任务
11月2日	国家能源局关于印发《电力安全事故调查程序规定》的通知（国能发安全规〔2023〕76号）	共39条，主要内容涵盖了电力安全事故调查程序全过程，包括事故调查程序的适用范围、事故调查组的组织、事故调查措施、事故调查报告形成以及对事故责任单位和责任人的处理等。相比31号令，主要变动内容如下：一是补充完善调查组织、事故整改监督等内容；二是更新政府部门名称和职能；三是整合能源监管机构内部职责分工；四是严肃调查工作纪律和规范调查行为。该办法自2023年11月10日起施行，为期五年

（二）燃料保供稳价方面

2023年燃料保供稳价方面相关政策见表3–3。

表3–3　　　　　　　　　　2023年燃料保供稳价方面相关政策

发布时间	文件名称	主要内容
5月9日	国家发展改革委关于第三监管周期省级电网输配电价及有关事项的通知（发改价格〔2023〕526号）	公布了第三监管周期（2023-2026年）各省级电网输配电价水平，并对用户电价分类、用户电价构成、工商业电价执行方式等重要政策进行了优化与完善
5月11日	国家发展改革委关于抽水蓄能电站容量电价及有关事项的通知（发改价格〔2023〕533号，以下简称《通知》）	核定在运及2025年底前拟投运的48座抽水蓄能电站容量电价。该通知提出，电网企业要统筹保障电力供应、确保电网安全、促进新能源消纳等，合理安排抽水蓄能电站运行；要与电站签订年度调度运行协议并对外公示，公平公开公正实施调度；要严格执行本通知核定的抽水蓄能电站容量电价，按月及时结算电费

续表

发布时间	文件名称	主要内容
11 月 8 日	国家发展改革委 国家能源局关于建立煤电容量电价机制的通知（发改价格〔2023〕1501 号）	决定自 2024 年 1 月 1 日起建立煤电容量电价机制，对煤电实行两部制电价政策。其中，电量电价通过市场化方式形成，容量电价水平根据煤电转型进度等实际情况逐步调整。该通知明确，对合规在运的公用煤电机组实行煤电容量电价政策，容量电价按照回收煤电机组一定比例固定成本的方式确定。同时强调同步强化煤炭价格调控监管，加强煤电中长期合同签约履约指导，促进形成竞争充分、合理反映燃料成本的电量电价，引导煤炭、煤电价格保持基本稳定
11 月 28 日	国家发展改革委关于核定跨省天然气管道运输价格的通知（发改价格〔2023〕1628 号）	核定了西北、东北、中东部及西南四个价区管道运输价格：核定西北价区运价率为 0.1262 元/（千米³·公里）（含 9%增值税，下同），东北价区运价率为 0.1828 元/（千米³·公里），中东部价区运价率为 0.2783 元/（千米³·公里），西南价区运价率为 0.3411 元/（千米³·公里）

三、电力市场相关政策

2023 年电力市场相关政策见表 3 – 4。

表 3 – 4　　　　　　　　　　　2023 年电力市场相关政策

发布时间	文件名称	主要内容
2 月 9 日	关于印发《能源行业信用信息应用清单（2023 年版）》的通知（国能发资质规〔2023〕16 号）	由业务类别、应用事项、业务环节、信用分类、信用监管措施和法规政策依据共 6 方面内容组成，按照行政许可、行政处罚、日常监管、表彰评优和其他共 5 类业务，根据对能源行业市场主体的信用分类，可采取具体信用监管措施共计 36 项，切实强化能源行业市场主体信用信息应用，推进实施守信激励和失信惩戒，做好信用分级分类监管
3 月 29 日	国家能源局关于印发《电力行业公共信用综合评价标准（试行）》的通知（国能发资质规〔2023〕28 号）	明确了评价指标解释、评级方法和类别、有效期和发布方式三方面的具体内容。其中，电力行业公共信用综合评价指标分为三级：一级指标 6 项，主要包括司法裁决、行业监管、商务诚信、经营状况、发展创新和守信激励，二级指标 16 项，三级指标 46 项。通过设置科学、合理的评价标准，建立信用评价模型，实现对电力企业开展全覆盖、标准化、公益化的公共信用综合评价
6 月 12 日	国家能源局关于印发《发电机组进入及退出商业运营办法》的通知（国能发监管规〔2023〕48 号）	明确了发电机组和独立新型储能进入及退出商业运营相关工作的具体要求，主要包括：一是并网调试工作条件和程序；二是进入商业运营条件；三是进入商业运营程序；四是调试运行期上网电量结算；五是退出商业运营程序。该办法为规范新建（包括扩建、改建）发电机组和独立新型储能进入及退出商业运营管理，维护市场主体合法权益，促进电力系统安全稳定运行提供了遵循
7 月 16 日	国家发展改革委办公厅 国家能源局综合司关于 2023 年可再生能源电力消纳责任权重及有关事项的通知（发改办能源〔2023〕569 号）	该通知指出，2023 年可再生能源电力消纳责任权重为约束性指标，各省（自治区、直辖市）据此进行考核评估；2024 年权重为预期性指标，各省（自治区、直辖市）据此开展项目储备。各省（自治区、直辖市）按照非水电消纳责任权重合理安排本省（自治区、直辖市）风电、光伏发电保障性并网规模。严格落实西电东送和跨省跨区输电通道可再生能源电量占比要求，2023 年的占比原则上不低于 2022 年实际执行情况
7 月 25 日	国家发展改革委 财政部 国家能源局关于做好可再生能源绿色电力证书全覆盖工作 促进可再生能源电力消费的通知（发改能源〔2023〕1044 号）	进一步健全完善可再生能源绿色电力证书（绿证）制度，明确绿证适用范围，规范绿证核发，健全绿证交易，扩大绿电消费，完善绿证应用，实现绿证对可再生能源电力的全覆盖

续表

发布时间	文件名称	主要内容
8月21日	国家能源局关于进一步加强电力市场管理委员会规范运作的指导意见（国能发监管〔2023〕57号）	明确电力市场管理委员会的职责义务和工作流程,充分发挥电力市场管理委员会在电力市场建设过程中的议事协调作用,建立科学合理的议事机制。明确两方面具体任务:一是规范运作。明确工作职责,优化组织架构,完善议事规则;二是监督落实。加强自律监督,加强规范指导,加快组织实施
9月7日	国家发展改革委 国家能源局关于印发《电力现货市场基本规则(试行)》的通知(发改能源规〔2023〕1217号)	包括总则、总体要求、市场成员、市场构成与价格、市场运营、市场衔接机制、计量、市场结算、风险防控、市场干预、争议出力、技术支持系统、附则,共13章129条。主要规范电力现货市场的建设与运营,包括日前、日内和实时电能量交易,以及现货与中长期、辅助服务、电网企业代理购电等方面的统筹衔接
10月7日	国家能源局关于进一步规范可再生能源发电项目电力业务许可管理的通知(国能发资质规〔2023〕67号)	明确六方面内容:一是豁免分散式风电项目电力业务许可;二是明确可再生能源发电项目相关管理人员兼任范围;三是规范可再生能源发电项目许可登记;四是调整可再生能源发电项目(机组)许可延续政策;五是明确异地注册企业电力业务许可管理职责;六是加强可再生能源发电项目许可数据信息管理
10月12日	国家发展改革委办公厅 国家能源局综合司关于进一步加快电力现货市场建设工作的通知(发改办体改〔2023〕813号)	按照各试点进度情况划定了下一步市场建设的时间安排。连续运行一年以上的各省/区域、省间现货市场,可按要求和程序转入正式运行;针对不具备转正式运行的一、二批试点省份以及市场建设进度较高地区等省份,分类设定了长周期结算、结算试运行节点。提出进一步扩大经营主体范围,包括加快放开各类电源参与电力现货市场、加快放开各类电源参与电力现货市场、鼓励新型主体参与电力市场。部署了统筹做好各类市场机制衔接、提升电力现货市场运营保障能力等方面的具体任务

第二节 资 源 保 障 要 素

一、煤炭和天然气供应情况

（一）燃料煤供应情况

原煤产量保持增长，进口煤规模扩大。国内生产方面，根据国家统计局数据，2023 年全国原煤产量 47.1 亿吨，同比增长 3.4%。国际进口方面，根据海关总署数据，2023 年我国进口煤炭 4.7 亿吨，同比增长 61.8%，2022 年煤炭进口量负增长形成低基数以及 2023 年国内煤炭消费需求较快增长，拉动 2023 年煤炭进口量高增长。发电企业积极拓展发电燃料采购渠道，做好电煤库存管控工作，确保用电高峰期间发电燃料供应稳定。2023 年全国统调电厂库存整体维持在高位水平，迎峰度夏和度冬期间统调电煤库存保持在 2 亿吨左右，为保障能源电力安全稳定供应和维护电煤市场平稳运行发挥了重要作用。

分月全国规模以上工业原煤产量增速如图 3-1 所示。

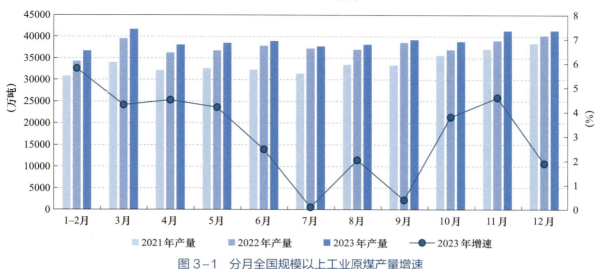

图 3-1　分月全国规模以上工业原煤产量增速
（数据来源：国家统计局。1-2 月产量为 1-2 月合计产量的平均值）

电煤年度长协价持续高于基准价，煤电企业亏损面仍然偏大。 2023 年，煤炭市场价格总体有所下降，煤电企业有所减亏。但电煤年度长协价格比 2022 年降幅较小（煤电企业所耗煤炭以长协合同电煤为主），各月 5500 大卡的年度长协价基本处于 700～730 元/吨，持续高于下水煤基准价。CECI 沿海指数大部分时段 5500 大卡综合价❶超过 800 元/吨，电煤成本总体仍偏高。在大部分地区煤电交易电价较基准价上浮 20% 的情况下，大型发电集团煤电板块亏损面仍然达到四成左右，如图 3-2 所示。

图 3-2　2023 年 CECI 沿海指数 5500 大卡现货采购价及综合价

---

❶ 中国沿海电煤采购价格指数（CECI 沿海指数）综合价是根据所有样本北方港平仓价综合加权编制，反映北方港平仓综合采购价格水平。

（二）天然气供应情况

天然气供需总体平衡，现货价格总体呈先降后升态势。从供应端看，根据国家统计局统计，2023 年全国天然气产量 2324 亿米³，同比增长 5.6%；进口天然气 11997 万吨，同比增长 9.9%。从消费端看，根据国家发展改革委数据，2023 年全国天然气表观消费量 3945 亿米³，同比增长 7.6%。从价格看，根据国家统计局监测的流通领域重要生产资料市场价格，2023 年国内天然气价格整体呈先降后升趋势。受年初气温偏暖、高库存以及地缘政治溢价减弱等因素影响，国内 LNG 价格从 1 月上旬的 6842 元/吨，逐步降至 8 月上旬的 3726 元/吨；随着国际上部分地区地缘冲突以及逐步进入采暖季，LNG 价格逐步上升至 12 月下旬的 5811 元/吨。全国液化天然气 LNG 价格如图 3－3 所示。

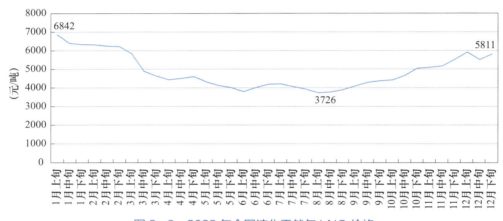

图 3－3　2023 年全国液化天然气 LNG 价格

（数据来源：国家统计局）

二、气温、降水、风能及太阳能资源情况

（一）气温及降水情况

根据中国气象局国家气候中心发布的《2023 年中国气候公报》，气温主要特征如下：

全国平均气温为历史最高。2023 年，全国平均气温 10.71℃，较常年偏高 0.82℃，为 1951 年以来历史最高；除 4 月和 5 月气温较常年同期偏低外，其余各月气温均偏高。2023 年，全国 31 个省份气温均偏高，其中山东、辽宁、新疆、贵州、云南、天津、湖南、河北、四川、北京、河南、内蒙古、广西为 1961 年以来历史最高；浙江、宁夏、江西、湖北为历史次高。

四季气温均偏高。冬季（2022 年 12 月至 2023 年 2 月），全国平均气温 2.9℃，较常年同期偏高 0.2℃，气温阶段性起伏大，前冷后暖。春季（3－5 月），全国平均气温 11.5℃，较常年同期偏高 0.6℃。夏季（6—8 月），全国平均气温 22.0℃，较常年同期偏高 0.8℃，为 1961 年以来历史同期第二高，全国大部地区气温接近常年同期或偏高。秋季（9—11 月），全国平均气温 11.3℃，较常年同期偏高 1.1℃，为 1961 年以来历史同期最高。

全国平均高温日数为历史第二多。2023 年，全国平均高温（日最高气温≥35.0℃）日数 13.5 天，较常年偏多 4.4 天，为 1961 年以来第二多，仅少于 2022 年。与常年相比，除华东中部等地偏少外，全国其余大部地区高温日数接近常年或偏多。

部分降水主要特征如下：

全国平均降水量较常年偏少。2023 年，全国平均降水量 615.0 毫米，较常年偏少 3.9%。降水上半年偏少，下半年偏多，1—3 月、5 月、6 月及 10 月降水量偏少，其中 1 月偏少 39.0%；4 月、7—9 月及 11 月、12 月降水量偏多，其中 4 月偏多 10.7%。

冬春夏三季降水偏少、秋季偏多。冬季（2022 年 12 月至 2023 年 2 月），全国平均降水量 31.6 毫米，较常年同期偏少 25.6%。春季全国平均降水量 132.2 毫米，较常年同期偏少 8.1%。夏季全国平均降水量 320.1 毫米，较常年同期偏少 3.5%，与常年同期相比，东北中部、华北中南部及河南西部、陕西东南部等地降水量偏多 2 成至 1 倍；全国其余大部地区降水接近常年同期或偏少。秋季全国平均降水量 126.7 毫米，较常年同期偏多 4.4%。

珠江、长江、辽河流域降水偏少。2023 年，华北（512.8 毫米）、东北（644.2 毫米）和西北（417.3 毫米）降水量分别较常年偏多 14%、8% 和 7%；西南（846.7 毫米）、长江中下游（1260.3 毫米）和华南（1606.8 毫米）降水量分别偏少 16%、8% 和 6%。七大江河流域中，除珠江流域（1444.1 毫米）、长江流域（1122.6 毫米）和辽河流域（577.1 毫米）降水量较常年分别偏少 8%、6% 和 2% 外，其他流域降水量均偏多。其中，海河流域（638.9 毫米）、松花江流域（616.4 毫米）、淮河流域（916.2 毫米）、黄河流域（520.1 毫米）分别偏多 24%、15%、12% 和 10%。

（二）风资源情况

根据中国气象局风能太阳能中心发布的《2023 年中国风能太阳能资源年景公报》，2023 年，全国风能资源为正常年景，10 米高度年平均风速较近 10 年（2013—2022 年）偏小 0.03%，比 2022 年偏大约 0.72%。70 米高度年平均风速约 5.4 米/秒，年平均风功率密度约为 193.5 瓦/米^2；100 米高度年平均风速约 5.7 米/秒，年平均风功率密度约为 228.9 瓦/米^2。上海、江苏、海南、青海、河北等 5 个省（市）70 米高度年平均风速偏小 5% 以上，辽宁、四川、山西等 3 个省 70 米高度年平均风速偏大 5% 以上，其他地区与近 10 年平均值接近。2023 年各省份 70 米高度层风能资源平均值见表 3−5。

表 3-5 2023 年各省份 70 米高度层风能资源平均值

省（自治区、直辖市）	平均风速（米/秒）	平均风功率密度（瓦/米²）
北京	4.86	179.13
天津	4.70	124.78
河北	5.05	167.26
山西	4.99	153.45
内蒙古	6.48	285.78
辽宁	6.24	286.76
吉林	6.08	254.74
黑龙江	6.09	240.18
上海	4.26	93.18
江苏	4.84	122.10
浙江	4.03	90.41
安徽	4.65	122.91
福建	4.28	97.05
江西	4.47	114.79
山东	5.23	156.65
河南	4.44	113.29
湖北	4.13	95.09
湖南	4.62	133.01
广东	5.15	161.23
广西	5.23	175.99
海南	5.58	192.89
重庆	3.85	81.79
四川	4.91	141.22
贵州	5.06	156.76
云南	4.17	92.69
西藏	5.49	173.60
陕西	4.56	121.82
甘肃	5.47	203.35

续表

省（自治区、直辖市）	平均风速 （米/秒）	平均风功率密度 （瓦/米²）
青海	5.84	198.72
宁夏	5.09	165.69
新疆	5.34	215.34

注 数据来源：《2023 年中国风能太阳能资源年景公报》。

（三）太阳能资源情况

根据中国气象局风能太阳能中心发布的《2023 年中国风能太阳能资源年景公报》，2023年，全国太阳能资源总体为偏小年景。全国平均年水平面总辐照量为 1496.1 千瓦·时/米²，较近 30 年（1993－2022 年，下同）平均值偏小 23.6 千瓦·时/米²，较近 10 年平均值偏小 19.0 千瓦·时/米²，较 2022 年偏小 67.3 千瓦·时/米²。根据我国太阳能资源总量等级划分标准，2023 年，西藏大部、青海中北部、四川西部等地年水平面总辐照量超过 1750 千瓦·时/米²，为太阳能资源最丰富区；新疆大部、内蒙古大部、西北地区中西部、华北大部、西南地区西部等地年水平面总辐照量 1400～1750 千瓦·时/米²，为太阳能资源很丰富区；东北大部、西北地区东部、华中中东部、华东大部、华南等地年水平面总辐照量 1050～1400 千瓦·时/米²，为太阳能资源三富区；西南地区中东部、华中西部等地年水平面总辐照量小于 1050 千瓦·时/米²，为太阳能资源一般区。2023 年全国平均年最佳斜面总辐照量为 1740.4 千瓦·时/米²，较近 30 年平垍值偏小 36.3 千瓦·时/米²，较近 10 年平均值偏小 30.2 千瓦·时/米²，较 2022 年偏小 75.4 千瓦·时/米²；2023 年全国平均的固定式光伏电站首年利用小时数为 1392.3 小时，较近 30 年平均值偏少 29.0 小时，较近 10 年平均值偏少 24.2 小时，较 2022年偏少 60.3 小时。2023 年各省份水平面总辐照量、固定式发电最佳斜面总辐照量情况见表 3－6。

表 3－6 2023 年各省份水平面总辐照量、固定式发电最佳斜面总辐照量情况

省（自治区、直辖市）	水平面总辐照量平均值 （千瓦·时/米²）	最佳斜面总辐照量平均值 （千瓦·时/米²）
北京	1429.9	1719.3
天津	1483	1769.8
河北	1466.4	1762
山西	1463.5	1732.6

续表

省（自治区、直辖市）	水平面总辐照量平均值（千瓦·时/米²）	最佳斜面总辐照量平均值（千瓦·时/米²）
内蒙古	1538.8	1989.6
辽宁	1378.2	1672.7
吉林	1324.4	1660.7
黑龙江	1255.9	1667.1
上海	1240.4	1346.2
江苏	1335.4	1481.1
浙江	1275.4	1356.5
安徽	1291.2	1408.4
福建	1361.3	1415
江西	1220.7	1274.5
山东	1421.6	1614.3
河南	1323.9	1448.5
湖北	1161.9	1215.3
湖南	1099.9	1128.7
广东	1280.1	1315.8
广西	1234.5	1255
海南	1442.1	1439.6
重庆	1032.3	1031.9
四川	1408.9	1519.6
贵州	1178.9	1205
云南	1497.5	1611.5
西藏	1799.5	1933.8
陕西	1341.4	1495.8
甘肃	1592.5	1904.5
青海	1712.8	2016.1
宁夏	1527.5	1772
新疆	1579.9	1891.9

注　数据来源：《2023 年中国风能太阳能资源年景公报》。

第三节　电力生产与供应能力

一、发电装机规模与结构

（一）全国总体情况

全国发电装机容量[1]持续增长，太阳能发电装机容量同比增逾五成。截至 2023 年年底，全国发电装机容量 292224 万千瓦，同比增长 14.0%，比 2022 年提高 6.0 个百分点。其中，全口径非化石能源发电装机容量为 157541 万千瓦，同比增长 24.1%，占总装机容量的比重为 53.9%。2019－2023 年全口径发电装机容量及增速如图 3－4 所示。

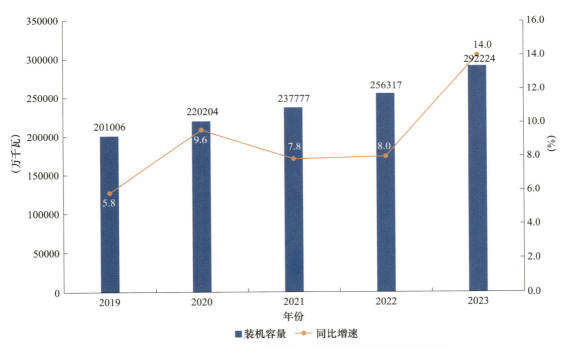

图 3－4　2019－2023 年全国发电装机容量及同比增速情况

（二）分类型情况

电力行业加快建设新型能源体系、新型电力系统，发电装机容量在近十年中保持中高速增长，发电装机绿色低碳发展加速，全国电力供应总体稳定。2023 年，非化石能源装机和可

---

[1] 全国发电装机容量不含新型储能，下同。

再生能源装机占比首次均过半，煤电装机占比首次降至 40%以下，风光等新能源在电力新增装机中的主体地位更加巩固，电力结构进一步优化。

火电装机占比呈逐年下降态势，煤电总装机占比首次降至 40%以下。截至 2023 年年底，全国水电装机容量占全国发电总装机容量的比重为 14.5%，比 2022 年降低 1.7 个百分点；火电装机容量占全国发电总装机容量的比重为 47.6%，比 2022 年降低 4.5 个百分点，其中，煤电机容量占全国发电总装机容量的比重为 39.9%，比 2022 年降低 4.1 个百分点，气电装机容量占全国发电总装机容量的比重为 4.3%，与 2022 年基本持平；风电装机容量占全国发电总装机容量的比重为 15.1%，比 2022 年提高 0.8 个百分点；太阳能发电装机容量占全国发电总装机容量的比重为 20.9%，比 2022 年提高 5.6 个百分点。可再生能源发电装机容量占全国发电总装机容量的比重为 52.0%，比 2022 年提高 4.6 个百分点，其中，非水可再生能源发电全国发电总装机容量的比重为 37.5%，比 2022 年提高 6.3 个百分点。

2022—2023 年各类型全口径发电装机容量占比情况如图 3-5 所示。

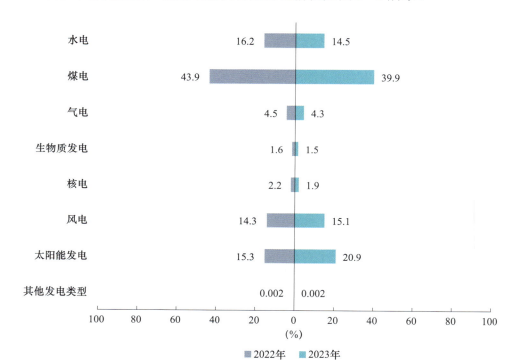

图 3-5 2022—2023 年各类型全口径发电装机容量占比情况

截至 2023 年年底，火电装机容量 139099 万千瓦，同比增长 4.2%，增速比 2022 年提高 1.4 个百分点，其中，煤电装机容量 116484 万千瓦，同比增长 3.4%，增速比 2022 年提高 2.1 个百分点，气电装机容量 12620 万千瓦，同比增长 9.1%，增速比 2022 年提高 3.0 个百分点。生物质发电装机容量 4416 万千瓦，同比增长 6.8%，增速比 2022 年回落 1.8 个百分点。2022—2023 年全国火电分类型发电装机容量及增速情况如图 3-6 所示。

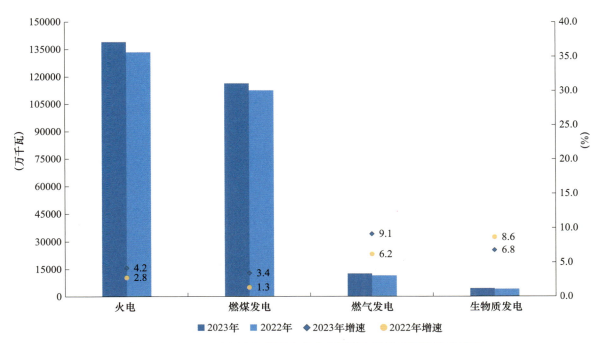

图 3-6　2022—2023 年全国火电分类型发电装机容量及增速情况

截至 2023 年年底，非化石能源发电总装机容量为 157541 万千瓦，同比增长 24.1%，占全国发电总装机容量的比重为 53.9%，比 2022 年提高 4.4 个百分点。全口径水电装机容量 42237 万千瓦，同比增长 2.0%，占全国发电总装机容量的比重为 14.5%，比 2022 年降低 1.7 个百分点，其中，抽水蓄能发电装机容量 5094 万千瓦，同比增长 11.2%，增速比 2022 年回落 14.6 个百分点。核电装机容量 5691 万千瓦，同比增长 2.4%。风电装机容量 44144 万千瓦，同比增速 20.7%，其中，陆上风电装机容量 40415 万千瓦，同比增长 20.6%，海上风电装机容量 3729 万千瓦，同比增长 22.4%，海上风电装机容量占全部风电装机容量的比重为 8.4%，比 2022 年提高 0.2 个百分点。太阳能发电装机容量 61048 万亿千瓦，同比增长 55.5%，增速比 2022 年提高 27.4 个百分点；其中，光伏发电 60991 万千瓦，同比增长 55.5%，集中式光伏发电装机容量 35244 万千瓦，同比增长 50.7%，光伏分布式发电装机容量 25767 万千瓦，同比增长 62.7%；光热发电装机容量 57 万千瓦，与上年基本持平。潮汐、海洋、地热能等其他发电装机容量 5 万千瓦。2023 年底非化石能源发电装机容量及结构情况如图 3-7 所示。

（三）分区域情况

2023 年，华北、华东、华中和南网❶区域发电装机容量超过 5 亿千瓦，合计占全国总装机容量的 77.2%。全国各区域发电装机容量均同比增长。西北区域发电装机容量同比增长

---

❶ 华北区域包括北京、天津、河北、山西、山东、蒙西电网，东北区域包括辽宁、吉林、黑龙江、蒙东电网，华东区域包括上海、江苏、浙江、安徽、福建、江西等，华中区域包括江西、湖北、湖南、河南、重庆、四川，南网区域广东、广西、海南、云南、贵州，西北区域包括西藏、陕西、甘肃、青海、宁夏、新疆。

19.4%，发电总装机容量增速为各区域最高，其中，火电装机容量增速为 6.1%（各区域最高），风电装机容量增速为 18.6%，太阳能发电装机容量增速为 57.6%。华中和南方区域水资源丰富，水电装机容量均超过 1 亿千瓦，分别占全国水电装机容量的 40.8% 和 34.2%。华东区域核电装机容量为 2679 万千瓦，占全国核电装机容量的 47.1%，是我国核电装机规模最大的区域。华北和西北区域新能源发电装机容量均超过 2 亿千瓦，占全国新能源发电装机的比重接近 50%。受山东文登、河南天池、河北丰宁等新投抽水蓄能电站的拉动，华北区域水电装机容量增速各区域最高，为 23.4%。

图 3-7 2023 年年底非化石能源发电装机容量及结构情况

华北区域发电装机增速为 16.8%，高于全国平均增速 2.8 个百分点，主要受风电（29.1%）和太阳能发电（41.4%）装机增长较快的影响。火电和新能源发电是本区域主要电源，合计装机容量占本区域发电装机容量的 97.6%。其中，燃煤发电装机容量 33188 万千瓦，风电装机容量 13386 万千瓦，太阳能发电装机容量 16084 万千瓦，均为全国各区域装机规模最大。气电装机容量 2146 万千瓦，生物质发电装机容量 893 万千瓦。华北区域是我国风电和太阳能发电装机容量最多的区域。

东北区域发电装机增速为 6.0%，低于全国平均增速 8.0 个百分点，火电和风电是本区域主要电源，合计装机容量占本区域发电装机容量的 78.8%。其中，燃煤发电装机容量占比 46.6%，比 2022 年下降 3.0 个百分点。生物质发电装机容量为 571 万千瓦，同比增长 15.2%。风电装机容量 5825 万千瓦，同比增长 15.6%。

华东区域发电装机增速为 10.7%，低于全国平均增速 3.3 个百分点。火电和太阳能发电是本区域主要电源，合计装机容量占本区域装机容量的为 79.0%。其中，燃煤发电装机容量 23033 万千瓦，占本区域装机容量的 43.8%，比 2022 年下降 3.7 个百分点。气电 4814 万千瓦，同比增长 6.0%，华东区域是全国气电装机规模最大的区域，占全国气电装机容量的比重接近 40%。

生物质发电装机容量 1053 万千瓦，比上年增长 5.6%。华东区域也是全国核电装机规模（2679 万千瓦）最大的区域。

华中区域发电装机增速为 13.0%，低于全国平均增速 1.0 个百分点。水电和火电是本区域主要电源，合计装机容量占本区域装机容量的 70.8%。水电装机容量 17225 万千瓦，同比增长 1.2%。火电装机容量 20895 万千瓦，同比增长 4.8%，其中，燃煤发电装机容量 17997 万千瓦，同比增长 4.8%，占本区域装机容量的比重为 33.4%，比 2022 年下降 2.6 个百分点。燃气发电装机容 836 万千瓦，同比增长 6.2%。生物质发电装机容量 861 万千瓦，同比增长 4.7%。

西北区域发电装机增速为 19.4%，高于全国平均增速 5.4 个百分点，是全国发电装机增速最快的区域。火力发电和新能源发电是本区域主要电源，合计装机容量占本区域装机容量的 91.3%。其中，火电装机容量 19151 万千瓦，同比增长 6.1%，煤电 18087 万千瓦，气电 207 万千瓦，生物质发电 148 万千瓦。风电装机容量 9824 万千瓦，同比增长 18.6%。太阳能发电装机容量 12793 万千瓦，同比增长 57.6%。

南网区域发电装机增速为 13.8%，低于全国平均增速 0.3 个百分点，清洁能源发电是本区域主要电源，合计装机容量占本区域装机容量的 69.8%。其中，水电、燃气发电、生物质发电、核电、并网风电和太阳能发电装机容量占比分别为 28.9%、9.2%、1.8%、4.2%、10.2% 和 15.7%。本区域燃气发电装机容量 4597 万千瓦，同比增长 16.7%，为各区域最高。

2023 年分区域各类型发电装机容量和火电分类型发电装机容量及煤电占比情况分别如图 3−8 和图 3−9 所示。

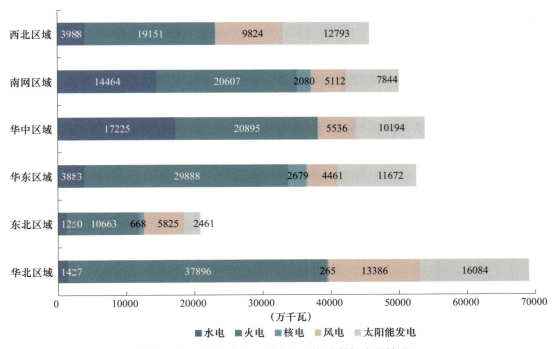

图 3−8　2023 年分区域各类型发电装机容量情况

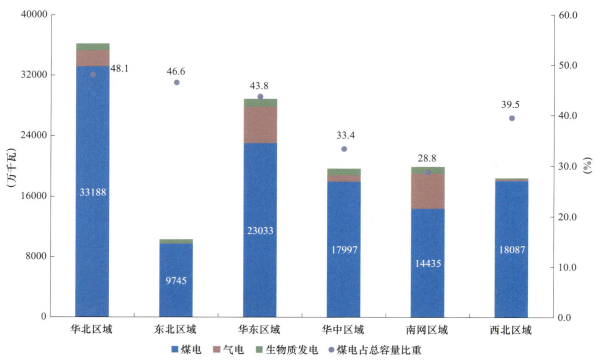

图 3-9　2023 年分区域电网火力发电分类型发电装机容量及煤电占比

（四）分省份情况

截至 2023 年年底，山东、广东、内蒙古、江苏等 13 个省份的发电装机容量超过 1 亿千瓦；其中，内蒙古和山东发电装机容量超过 2.0 亿千瓦，分别为 21395 万千瓦和 20754 万千瓦，广东和江苏发电装机容量也超过了 1.7 亿千瓦，分别为 19376 万千瓦和 17888 万千瓦。内蒙古、山东、广东和江苏以火电为主，火电发电装机容量均超过了 1 亿千瓦。四川、云南以水电为主，水电装机容量超过了 8000 万千瓦。内蒙古、河北、山东、新疆和江苏新能源发电装机容量超过了 6000 万千瓦。在这 13 个省（区）中，内蒙古、云南、四川、新疆、山西和云南为主要能源输出省，云南、四川以输出水电为主，内蒙古、河北、新疆和山西以输出火电为主。

重庆、上海、天津、海南、北京和西藏，为发电装机容量相对较小（3000 万千瓦以下）的省份。

1. 水电

截至 2023 年年底，水电装机容量超过 1000 万千瓦的省份有 11 个，主要集中在西南、华中、南方、西北等水资源较为丰富的四川、云南、湖北、贵州、广东、广西、湖南、福建、浙江、青海、新疆等省（自治区），其合计装机容量占全国水电装机容量的 82.4%。四川和云南水电装机容量分别为 9759 万千瓦和 8220 万千瓦，分别占本省发电总装机容量的 75.4%和 62.0%，是我国水电装机规模最大的两个省份。水电占本省发电总装机容量比重较大的还有西藏（49.3%）、湖北（34.1%）。

水电装机规模较大或比重较高省份的水电装机容量及占总装机容量的比重如图 3－10 所示。

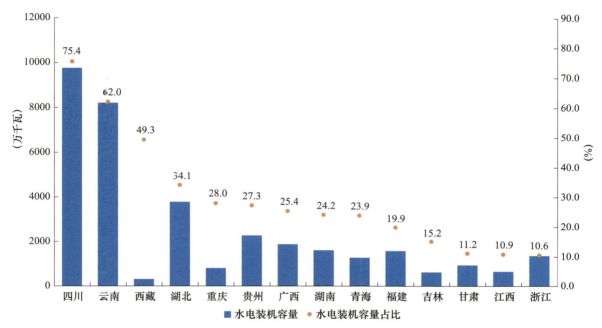

图 3-10　水电装机规模较大或比重较高省份的水电装机容量及占总装机容量的比重

2. 火电

截至 2023 年年底，内蒙古、山东、广东和江苏的火电装机容量超过 1 亿千瓦，山西、河南、新疆、浙江和安徽在 6000～8000 万千瓦之间，均是电力发供电大省。海南、青海、西藏火电装机容量低于 1000 万千瓦。从火电装机占比看，上海和北京占比超过 80%，天津、山西、广东和江苏占比也超过 60%。四川、云南、青海和西藏占比低于 20%。

全国有 15 个省份煤电装机容量超过 3000 万千瓦，分别为内蒙古、山东、江苏、广东、山西、新疆、河南、安徽、陕西、浙江、河北、辽宁、湖北、贵州、宁夏和福建。其中内蒙古和山东煤电装机容量超过 1 亿千瓦，是煤电装机最多的省份，分别为 11444 万千瓦和 10644 万千瓦。青海、海南、北京和西藏 4 省份煤电低于 500 万千瓦。

2023 年煤电装机容量超过 3000 万千瓦省份情况如图 3－11 所示。

全国有陕西、山西、内蒙古、安徽和山东 5 个省份煤电装机容量占其总容量的比重超过 50%。海南、四川、云南、青海、北京和西藏等省（自治区、直辖市）煤电装机容量占比不足 20%。

2023 年煤电装机容量占其总容量超过 50%的省份情况如图 3－12 所示。

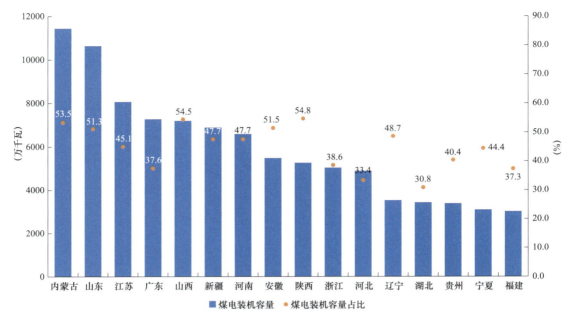

图 3-11　2023 年煤电装机容量超过 3000 万千瓦省份情况

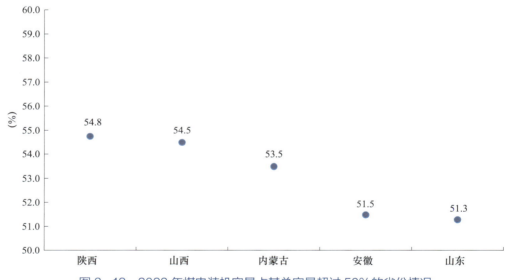

图 3-12　2023 年煤电装机容量占其总容量超过 50% 的省份情况

截至 2023 年年底，广东、江苏、浙江和北京的燃气发电装机容量超过 1000 万千瓦。其中，广东燃气发电装机容量为 4002 万千瓦，是全国气电装机规模最大的省份。北京气电装机容量为 1002 万千瓦，占本地区总装机容量的 72.8%，是全国气电占比最高的省份。

在"双碳"目标和我国"缺油少气"的能源结构下，我国生物质发电空间巨大，有力缓解我国用电压力，生物质能也朝向绿色、低碳、循环、可持续方向发展，继续保持快速发展趋势。截至 2023 年年底，我国生物质发电装机容量为 4416 万千瓦，同比增长 6.8%，其中，广东、山东、江苏、浙江、黑龙江、河南、广西、安徽和河北生物质发电装机容量超过 200 万千瓦，其合计装机容量占全国生物质发电装机容量的 63.2%，广东和山东两省的生物质发电装机容量超过 400 万千瓦，分别为 445 万千瓦和 440 万千瓦。

2023 年生物质发电装机容量超过 200 万千瓦省份的情况如图 3－13 所示。

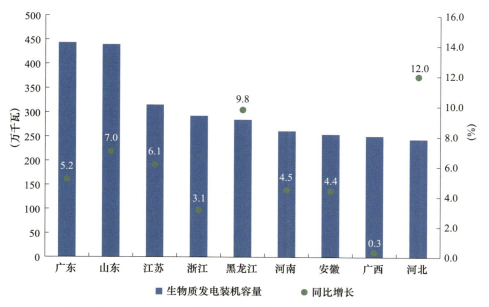

图 3－13 2023 年生物质发电装机容量超过 200 万千瓦省份的情况

3．核电

截至 2023 年年底，全国共有 8 个省份拥有核电装机，其中，广东和福建核电装机容量均超过了 1000 万千瓦，分别为 1614 万千瓦和 1101 万千瓦。福建核电装机占本省装机容量的比重超过 10%，为 13.7%。广西核电装机容量 336 万千瓦，同比增长 54.7%，是核电增长最快的省份。

2023 年 8 个省份核电装机容量情况如图 3－14 所示。

图 3－14 2023 年 8 个省份核电装机容量情况

4. 风电

我国风电主要集中在三北和沿海等风资源比较丰富的省份。截至 2023 年年底，内蒙古、河北、新疆、山西等 8 个省份风电装机容量超过 2000 万千瓦，合计容量占全国风电装机容量的 57.8%。其中，内蒙古是全国风电装机容量最大的省份，为 6962 万千瓦，同比增长 52.4%。西藏、云南、内蒙古、浙江、广西、四川等 20 个省份风电装机容量均同比增长超过 10%。在山西、内蒙古、辽宁、吉林、黑龙江和新疆等 6 个省份，风电成为本省份仅次于火电的装机第二大电源，甘肃风电装机容量为 2614 万千瓦，是本省第一大电源。

2023 年风电装机容量超过 2000 万千瓦省份和 2023 年风电为装机第一、二大电源省份的情况分别如图 3-15 和图 3-16 所示。

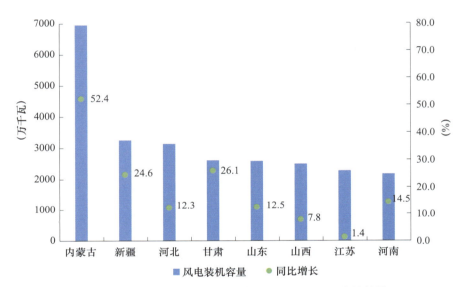

图 3-15　2023 年风电装机容量超过 1000 万千瓦省份的情况

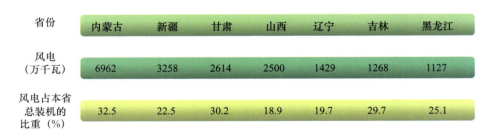

省份	内蒙古	新疆	甘肃	山西	辽宁	吉林	黑龙江
风电（万千瓦）	6962	3258	2614	2500	1429	1268	1127
风电占本省总装机的比重（%）	32.5	22.5	30.2	18.9	19.7	29.7	25.1

图 3-16　2023 年风电为第一、二大电源省份的情况

截至 2023 年年底，江苏、广东、山东、浙江、福建、辽宁、上海、河北、天津等 9 个省份拥有海上风电，海上风电主要集中在我国东南沿海区域，其中，江苏和广东海上风电装机容量超过 1000 万千瓦，分别为 1183 万千瓦和 1084 万千瓦。山东风电装机容量为 472 万千

瓦,同比增长80.9%,为增速最高的省份。2023年9个省份海上风电装机容量情况如图3-17所示。

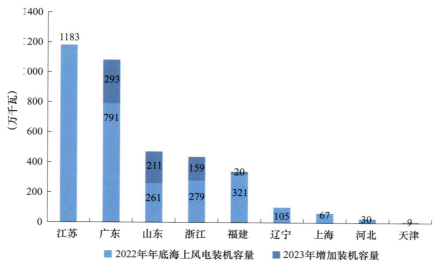

图3-17　2023年9个省（市）海上风电装机容量情况

5. 太阳能发电

截至2023年年底,山东、河北、江苏、河南、浙江等16个省份太阳能发电装机容量超过2000万千瓦,其合计容量占全国太阳能发电装机容量的81.6%。其中,山东、河北、江苏、河南、浙江、安徽和新疆等省（自治区）太阳能发电装机容量超过3000万千瓦,重庆、湖南、黑龙江、广西、辽宁、福建、贵州、吉林、广东、安徽、河南、西藏、浙江、山东和湖北太阳能发电装机容量均同比增长超过100%。在北京、天津、河北、上海、江苏、浙江、安徽、江西、山东、河南、广东、海南、陕西和宁夏等14个省份,太阳能发电成为本省份仅次于火电的装机第二大电源,青海太阳能发电装机容量为2561万千瓦,是本省第一大电源。

2023年太阳能发电装机容量超过2000万千瓦的省份和2023年太阳能发电为装机第一、二大电源省份的情况分别如图3-18和图3-19所示。

截至2023年年底,全国共有山东、浙江、河北、河南、江苏、安徽、广东和江西等8个省份分布式太阳能发电超过1000万千瓦,合计容量占全国分布式太阳能发电装机容量的76.5%,其中,山东是分布式太阳能发电装机容量最多的省份,为4099万千瓦,同比增长32.5%,河南、江苏、浙江和河北也超过了2000万千瓦。2023年8个省份分布式太阳能发电装机容量情况如图3-20所示。

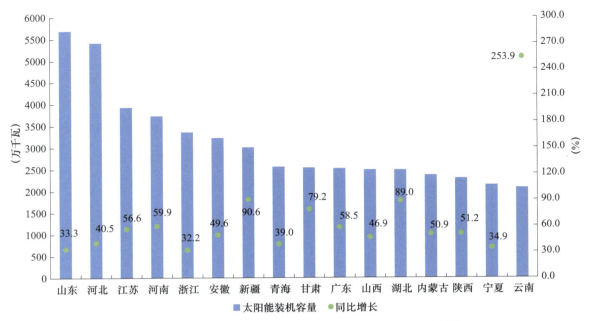

图 3-18　2023 年太阳能发电装机容量超过 2000 万千瓦省份情况

省（区、市）	山东	河北	江苏	河南	浙江	安徽	青海	广东	陕西	宁夏	江西	天津	海南	上海	北京
太阳能发电（万千瓦）	5693	5416	3928	3731	3357	3223	2561	2522	2292	2137	1993	490	472	289	108
太阳能发电占本省总装机的比重 (%)	27.4	37.1	22.0	26.9	25.7	30.3	47.0	13.0	23.9	30.7	31.9	19.1	28.8	9.8	7.9

图 3-19　2023 年风电为第一、二大电源省份的情况

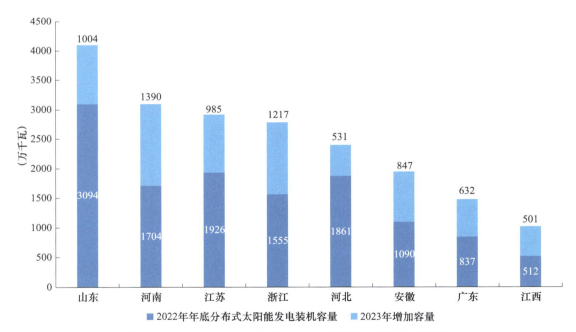

图 3-20　2023 年 8 个省份分布式太阳能发电装机容量情况

（五）分容量等级结构情况

（1）水电单机 30 万千瓦及以上机组占比增加 0.6 个百分点。截至 2023 年年底，纳入电力行业 6000 千瓦以上机组统计调查范围的水电机组容量 37942 万千瓦，平均单机容量 6.81 万千瓦，与上年基本持平。其中，水电单机 30 万千瓦及以上机组占水电总装机容量的比重为 53.9%，水电单机不足 5 万千瓦的机组占水电总装机容量的比重为 18.3%，与上年基本持平。

分区看，水资源丰富地区，大型水电站集中分布，大容量机组比重较高。华中、南方区域的单机 60 万千瓦及以上机组占全国单机 60 万千瓦及以上机组的比重超过了 96%。华东、西北区域单机不足 5 万千瓦机组的占比较高。除华中区域和南方区域外，其余地区单机 30～60 万千瓦（不包括 60 万千瓦）机组占比超全国平均水平。

2022—2023 年水电机组分容量等级占比如图 3-21 所示。

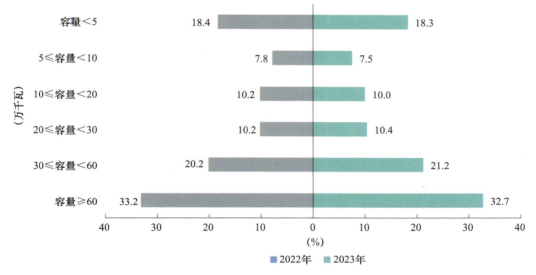

图 3-21　2022—2023 年水电机组分容量等级占比

（2）火电单机 100 万千瓦及以上机组占比增加 0.6 个百分点。截至 2023 年年底，纳入电力行业 6000 千瓦以上机组统计调查范围的火电机组容量 136353 万千瓦，平均单机容量 13.76 万千瓦，与上年基本持平。其中，单机 60 万千瓦及以上的火电机组容量占火电总装机容量的比重为 47.7%，与上年基本持平，单机不足 20 万千瓦的火电机组占火电总装机容量的比重不足 16%。

分区域看，大容量火电机组主要集中在负荷中心区域。华东、华中和南方区域的单机 100 万千瓦及以上容量机组占比均超过全国平均水平，华东和华中区域单机容量在 60 万千瓦以上的机组容量合计占比超过 50%。西北、东北和华北等资源富集区域，单机 30～60 万千瓦容量机组占比较高。

2022—2023 年火电机组分容量等级占比如图 3-22 所示。

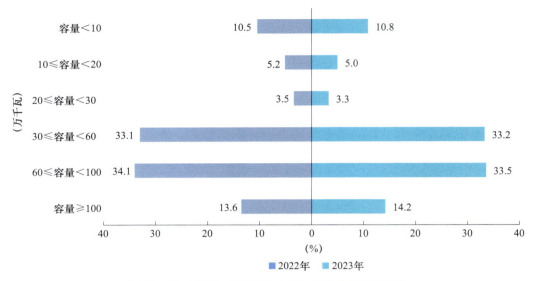

图 3-22　2022-2023 年火电机组分容量等级占比

二、电源新增装机

（一）全国总体情况

2023 年，全国发电新增装机（正式投产）37067 万千瓦，比上年多投产 17219 万千瓦。其中，新增非化石能源发电装机容量为 30762 万千瓦，占全国新增发电装机的 83.0%，新增新能源发电装机占全国发电新增装机比重接近 80%。

2014-2023 年全国新增发电装机容量如图 3-23 所示。

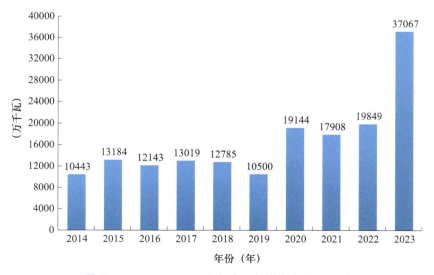

图 3-23　2014-2023 年全国新增发电装机容量

（二）分类型情况

2023 年，我国将能源绿色低碳转型放在优先位置，电力行业延续绿色低碳转型趋势，可再生能源发展从跟跑、并跑到领跑转变，可再生能源新增发电装机容量为 3.1 亿千瓦，同比增长 98.2%。风电、太阳能发电等新能源发电新增装机接近 3 亿千瓦，成为新增装机的绝对主体，有力保障了能源供应，显著实现降碳减排。

2023 年，水电新增发电装机容量 943 万千瓦，比上年少投产 1428 万千瓦。随着新能源装机量快速攀升，为保障电力系统的安全稳定、解决能源资源总量巨大但现有调节能力不足的矛盾，在国家相关政策引导下，抽水蓄能电站建设快速推进，当年新投抽水蓄能发电装机容量为 545 万千瓦，其中，山东装机规模（180 万千瓦）最大的抽水蓄能电站之山东文登抽水蓄能电站实现了"一年六投"。

2023 年，我国风电产业延续良好的发展态势，新增风电装机规模持续扩大，利用水平稳步提升，海上风电有序发展，整体技术进步明显，为我国推进能源转型、应对气候变化、保障能源安全提供了有力支撑。风电新增装机容量 7622 万千瓦，比上年多投产 3761 万千瓦。其中，陆上风电新增发电装机容量为 6989 万千瓦，比上年多投产 3645 万千瓦，海上风电新增发电装机容量为 633 万千瓦，比上年多投产 116 万千瓦。

2023 年，全年太阳能（光伏）发电投资保持快速增长，太阳能发电新增装机占电源基建新增规模比重逾五成，全年新增太阳能发电装机容量 2.2 亿千瓦，创历史年度新增最高规模。其中，新增分布式光伏发电装机容量 9629 万千瓦，占新增太阳能发电装机容量的比重的 44.3%。

核电新增发电装机容量 139 万千瓦，比上年少投产 89 万千瓦。

火电新增发电装机容量为 6610 万千瓦，比上年多投产 2043 万千瓦。其中，燃煤发电 4775 万千瓦，比上年多投产 1856 万千瓦。气电 1025 万千瓦，比上年多投产 376 万千瓦。生物质发电 305 万千瓦，比上年少投产 95 万千瓦。

2022—2023 年各类型新增发电装机容量占比情况如图 3—24 所示，2022—2023 年全国新增火电分类型发电装机容量情况如图 3—25 所示。

（三）分区域情况

分区域看，华北区域新增装机容量 10354 万千瓦，为全国最多，占全国新增装机容量的 27.9%，以火力发电和新能源发电新增为主。其中，火电新增 1996 万千瓦，占全国火电新增总量的 30.2%，是全国新增火电最多的区域。风电新增 3237 万千瓦，占全国风电新增总量的 42.5%，太阳能发电新增 4831 万千瓦，占全国太阳能发电新增总量的 22.2%，是全国新增新能源发电装机容量最多的区域。西北、华中、南方和华东区域新增装机容量也超过了 5000 万千瓦。西北区域新增装机容量为 7545 万千瓦，以火电和新能源发电新增为主。其中，火电

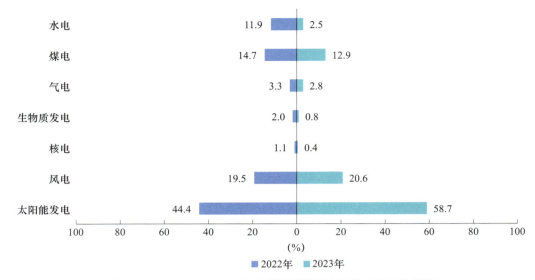

图 3-24　2022-2023 年各类型新增发电装机容量占比情况

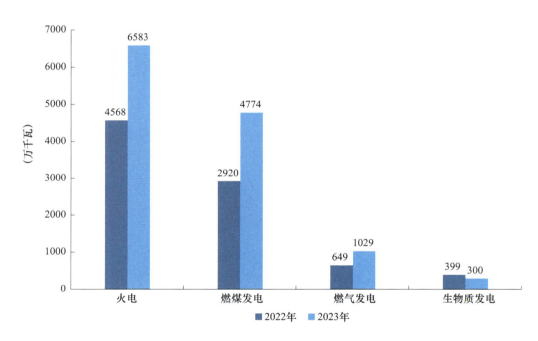

图 3-25　2022-2023 年全国新增火电分类型发电装机容量情况

新增 1169 万千瓦，风电新增 1581 万千瓦，太阳能发电新增 4678 万千瓦，占全国太阳能发电新增总量的 21.5%，是全国新增太阳能发电最多的区域。华中区域新增装机容量为 6385 万千瓦，主要以火电和太阳能发电为主。其中，火电新增 1066 万千瓦，新增太阳能发电装机容量 4432 万千瓦，其中新增分布式光伏发电超过 2800 万千瓦。水电新增装机容量为 264 万千瓦，占全国水电新增总量的 28.0%。南方区域新增装机容量为 6197 万千瓦，主要以火电和新能源发电为主；其中，火电新增装机容量 1160 万千瓦，新增气电装机容量为 606 万千瓦，占全国气电新增总量的 59.1%，是全国新增气电装机容量最多的区域，新增风电装机容量 1262 万千瓦，新增太阳能发电装机容量为 3483 万千瓦。核电新增装机容量 119 万千瓦，是全国核电新增装机容量最多的区域。华东区域新增装机容量为 5362 万千瓦，主要以火电和新能源发电为主；其中，火电新增装机容量 1126 万千瓦，新增风电装机容量 344 万千瓦，新增太阳能发电装机容量为 3811 万千瓦。

2022-2023 年分区域电源新增装机容量情况如图 3-26 所示，2023 年分区域分类型新增装机容量情况如图 3-27 所示。

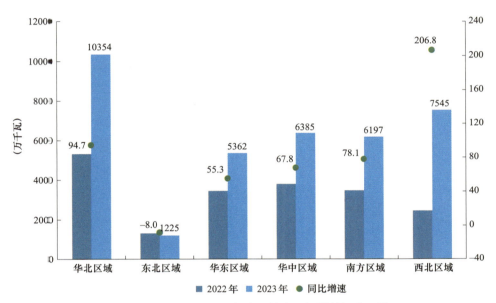

图 3-26　2022-2023 年分区域电源新增装机容量情况

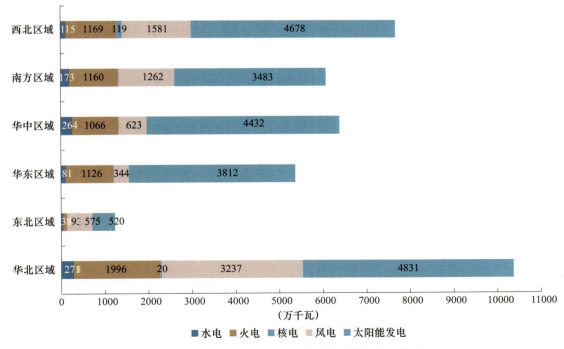

图 3-27　2023 年分区域分类型新增装机容量情况

（四）分省份情况

2023 年，全国有内蒙古、新疆、河北、山东等 16 个省份新增发电装机容量超过 1000 万千瓦，这些省份合计新增装机容量占全国新增装机容量的比重达到 82.7%。

1. 水电

2023 年我国新增水力发电装机容量 943 万千瓦，以抽水蓄能发电为主，新增装机容量为 545 万千瓦，其中，山东和河南新投抽水蓄能发电装机容量超过 100 万千瓦，分别新增 180 万千瓦和 120 万千瓦。

2023 年主要省份新增水电装机容量及构成情况如图 3-28 所示。

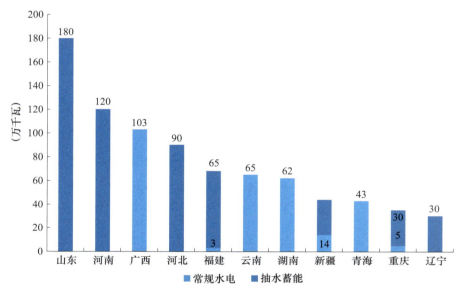

图 3-28　2023 年主要省份新增水电装机容量及构成情况

2. 火电

2023 年，内蒙古、广东、陕西、湖北、江苏、湖南、山西和新疆等 8 个省份新增火电装机容量超过 300 万千瓦，合计占全国火电新增装机容量的 67.5%；山东、安徽、浙江、河北和甘肃的新增火电装机容量也超过了 200 万千瓦。

全国有内蒙古、陕西、湖北、广东等 12 个省份新增煤电装机容量超过 100 万千瓦，合计占全国煤电新增装机容量的 90.0%。其中，内蒙古新增煤电装机容量 1045 万千瓦。

2023 年，新增气电超过 50 万千瓦的省份有广东、海南、安徽、江苏、上海、山东和重庆，合计占全国气电新增装机容量的 93.7%。其中，广东气电新增装机容量为 508 万千瓦，为我国新增气电装机容量最多的省份。

2023 年，山东、黑龙江、山东、吉林、广东、河北、湖北和江苏等省份新增生物质发电装机容量超过 20 万千瓦，合计新增生物质发电装机容量为 169 万千瓦，占全国新增生物质发电装机容量的 55.6%。

2023 年全国主要新增火电装机省份、新增火电（煤电）装机容量及占全国比重情况如图 3-29 所示。

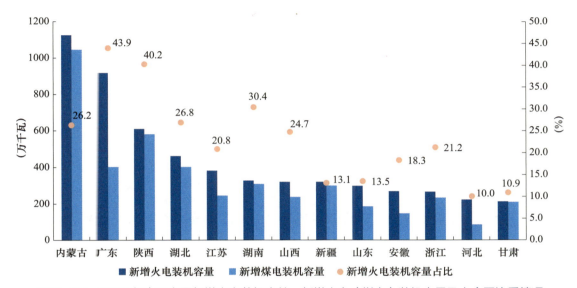

图 3-29 2023 年全国主要新增火电装机省份、新增火电（煤电）装机容量及占全国比重情况

3. 核电

2023 年，广西、山东有核电机组投产，分别为 119 万千瓦和 20 万千瓦。

4. 风电

2023 年，内蒙古、新疆、云南、甘肃等 11 个省份新增风电装机容量超过 200 万千瓦，合计新增风电装机容量 6157 万千瓦，占全国风电新增装机容量的 80.8%。黑龙江、山西、四川、浙江、安徽、吉林和陕西新增风电装机容量超过 100 万千瓦。广东、山东、浙江、福建和辽宁等省份分别投产海上风电机组 233、201、160、20 万千瓦和 20 万千瓦。

2023 年全国风电新增装机容量较多省份情况如图 3-30 所示。

5. 太阳能发电

2023 年，河北、云南、新疆、山东、江苏、河南、湖北、甘肃和安徽等 9 个省份的太阳能发电新增装机容量超过 1000 万千瓦，合计新增太阳能装机容量 12080 万千瓦，占全国太阳能发电新增装机容量的 55.5%。其中，河北、云南、新疆、山东、江苏等 26 个省份太阳能发电成为当地新增规模最大的电源。河北、云南、新疆、山东、江苏、河南、湖北、甘肃和安徽太阳能发电新增装机容量超过 1000 万千瓦。

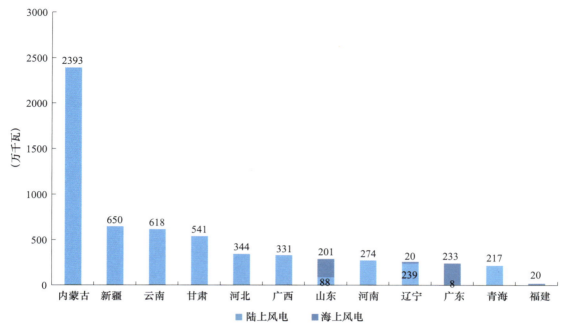

图 3–30　2023 年全国风电新增装机容量较多省份情况

2023 年全国太阳能发电新增装机容量成为当地新增规模最大电源省份情况如图 3–31 所示。

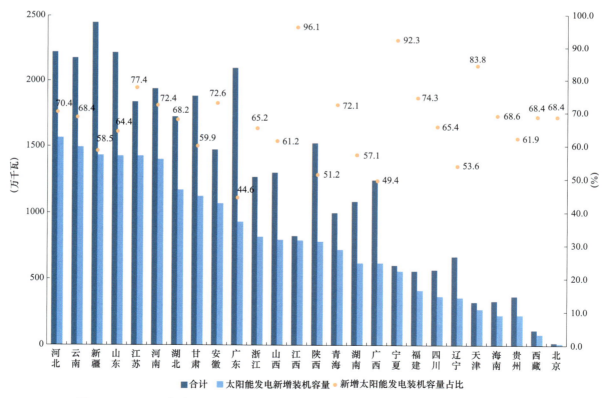

图 3–31　2023 年全国太阳能发电新增装机容量成为当地新增规模最大电源省份情况

（五）新开工项目

2023年，全国主要发电企业新开工电源项目合计装机容量18817万千瓦，比上年增加3591万千瓦。分省份看，全国有广东、新疆、云南、甘肃等16个省份新开工项目装机容量超过500万千瓦，合计新开工容量占全国新开工总容量的79.0%，其中，新疆、广东、云南和浙江新开工电源规模超过1000万千瓦，分别为1754、1701、1389万千瓦和1005万千瓦。分类型看，除核电外，其他发电类型新开工规模均同比增加，水电新开工2042万千瓦（抽水蓄能发电1620万千瓦），比上年增加267万千瓦；火电新开工3877万千瓦（煤电2776万千瓦，气电1094万千瓦），比上年增加1802万千瓦；核电新开工245万千瓦，比上年减少254万千瓦；风电新开工4043万千瓦，比上年增加808万千瓦；太阳能发电新开工8611万千瓦，比上年增加994万千瓦。

（六）在建工程情况

截至2023年年底，全国主要发电企业电源工程在建项目合计装机容量37308万千瓦，比上年增加10374万千瓦。分省份看，全国有广东、浙江、内蒙古、辽宁等15个省份电源在建规模超过1000万千瓦，合计在建规模占全国电源在建总规模的76.7%。分类型看，全国主要发电企业水电工程在建总规模为9129万千瓦，比上年增加1421万千瓦。其中，抽水蓄能发电6768万千瓦，比上年增加1395万千瓦；火电9926万千瓦，比上年增加3690万千瓦，其中，煤电7645万千瓦，气电2269万千瓦；核电3460万千瓦，比上年增加1227万千瓦；风电5074万千瓦，比上年增加1189万千瓦；太阳能发电9698万千瓦，比上年增加3066万千瓦。

三、电力供应能力

（一）电网规模和结构情况

截至2023年年底，初步统计全国电网35千伏及以上输电线路回路长度243万千米，比上年增长3.4%。其中220千伏及以上输电线路回路长度92万千米，比上年增长4.6%。初步统计全国电网35千伏及以上变电设备容量81亿千伏安，比上年增长5.3%，其中220千伏及以上变电设备容量54亿千伏安，比上年增长5.7%。2022年年底全国35千伏及以上输电线路回路长度及变电设备容量见表3-7。

表 3-7　　　　2023 年年底全国 35 千伏及以上输电线路回路长度及变电设备容量

电压等级	输电线路回路长度		变电设备容量	
	长度（万千米）	增长率（%）	容量（亿千伏安）	增长率（%）
35 千伏及以上各电压等级合计	242.5	3.4	81.4	5.3
220 千伏及以上各电压等级	92.0	4.6	54.2	5.7
其中　1000 千伏	1.7	6.6	2.1	2.9
±800 千伏	3.2		3.1	4.5
750 千伏	2.9	3.6	2.5	8.2
500 千伏	23.0	5.2	18.6	7.2
±500 千伏	1.6		1.3	3.5
330 千伏	3.8	1.6	1.5	4.2
220 千伏	55.2	5.1	24.7	5.0

分省份看，初步统计全国共有 15 个省份的 35 千伏及以上输电线路回路长度超过 8 万千米，分别是山东、内蒙古、四川、河北、新疆、江苏、广东、云南、河南、安徽、山西、湖南、湖北、甘肃和广西，基本是电力消费大省或电力输送、交换大省。其中，山东和内蒙古分别达到 14.6 万千米和 14.2 万千米。全国除宁夏、黑龙江、吉林、西藏和海南外，共有 26 个省份的 35 千伏及以上变电设备容量超过 1 亿千伏安。

跨区输电方面，截至 2023 年年底，全国跨区输电能力达到 18815 万千瓦。其中，跨区网对网输电能力 17481 万千瓦，跨区点对网送电能力 1334 万千瓦。

截至 2023 年年底全国已投运的跨区域联网及跨区线路见表 3-8。

表 3-8　　　　截至 2023 年年底全国已投运的跨区域联网及跨区线路

送端地区	线路工程名称	电压等级（千伏）	输送能力（万千瓦）	投产时间	受端地区
全国总计			18815		
	小计		3630		
华北	阳城送华东电网	500	330	2007 年	华东
	锡盟—泰州特高压直流	±800	1000	2017 年	
	晋北—南京特高压直流	±800	800	2017 年	
	内蒙古上海庙—山东临沂特高压直流	±800	1000	2018 年	
	晋东南—南阳—荆门特高压交流	1000	500	2009 年，2011 年扩建	华中

送端地区	线路工程名称	电压等级（千伏）	输送能力（万千瓦）	投产时间	受端地区
东北	小计		1500		华北
	高岭直流背靠背		300	2009 年，2012 年扩建	
	辽宁绥中电厂送华北电网	500	200	2015 年	
	扎鲁特至青州特高压直流	±800	1000	2017 年	
华中	小计		1680		华东
	葛洲坝—上海直流	±500	300	1989 年，2011 年扩建	
	三峡—常州直流	±500	300	2003 年	
	三峡—上海直流	±500	300	2006 年	
	团林—枫泾直流	±500	300	2011 年	
	湖南鲤鱼江水电站送南方区域	500	180	2003 年	南方
	江陵—鹅城直流	±500	300	2004 年	
西南	小计		4560		华东
	向家坝—上海直流	±800	640	2010 年	
	锦屏—苏南直流	±800	720	2012 年	
	溪洛渡—浙江直流	±800	800	2014 年	
	白鹤滩—江苏直流	±800	800	2022 年	
	白鹤滩—浙江直流	±800	800	2022 年	
	雅中—江西直流	±800	800	2021 年	华中
西北	小计		7181		
	陕西府谷、锦界送华北电网	500	360	2007 年	华北
	宁东—山东直流	±660	400	2012 年	
	榆横—潍坊 1000 千伏特高压交流	1000	750	2017 年	
	宁东—浙江直流	±800	800	2016 年	华东
	灵宝直流背靠背		111	2005 年，2009 年扩建	华中
	青海—河南特高压直流	±800	800	2020 年	
	哈密南—郑州直流	±800	800	2013 年	
	酒泉—湖南特高压直流	±800	800	2017 年	
	陕北—武汉直流	±800	800	2021 年	
	宝鸡—德阳直流	±500	300	2009 年	西南
	青藏联网	±400	60	2011 年	西藏
	准东—皖南特高压直流	±1100	1200	2019 年	华东
南方	南方送出		264		西南
	贵州二郎电厂送重庆	500	264	2015 年	

跨省输电方面，截至 2023 年年底，南方、华东、华北区域内已投运 14 条跨省特高压输电线路，输电能力 6380 万千瓦，截至 2023 年年底区域内已投运的跨省特高压输电线路见表 3-9。

表 3-9　　　　　　　　　截至 2023 年年底区域内已投运的跨省特高压输电线路

区域	送端省份	线路工程名称	电压等级（千伏）	输送能力（万千瓦）	投产时间	受端省份
华北	内蒙古	锡盟—山东 1000 千伏交流工程	1000	400	2016 年	山东
	内蒙古	蒙西—天津南 1000 千伏特高压交流工程	1000	500	2016 年	天津
	北京	北京西—石家庄 1000 千伏特高压交流工程	1000		2019 年	河北
	内蒙古	蒙西—晋中 1000 千伏特高压交流工程	1000		2020 年	山西
华东	安徽	皖电东送 1000 千伏特高压交流工程	1000	500	2013 年	上海
	浙江	浙北—福州 1000 千伏特高压交流工程	1000	680	2014 年	福建
	安徽	淮南—南京—上海 1000 千伏交流工程	1000	1000	2016 年	上海
华中	江西	南昌—长沙 1000 千伏特高压交流工程	1000	1000	2021 年	湖南
	河南	南阳—荆门—长沙 1000 千伏特高压交流工程	1000		2022 年	湖南
	河南	驻马店—武汉 1000 千伏特高压交流工程	1000		2023 年	湖北
南方	云南	滇西北—广东 ±800 千伏特高压直流输电工程	±800	500	2018 年	广东
	云南	糯扎渡送电广东 ±800 千伏特高压直流输电工程	±800	500	2015 年	广东
	云南	云南—广东 ±800 千伏直流输电工程	±800	500	2010 年	广东
	云南	昆柳龙 ±800 千伏直流输电工程	±800	800	2020 年	广东、广西

（二）投产、新开工及在建重点项目

2023 年，投产特高压交流输电线路 2 条，其中，福州—厦门 1000 千伏特高压交流输变电工程线路长度 469 千米，变电容量为 600 万千伏安。驻马店—武汉 1000 千伏特高压交流输变电工程线路长度 568 千米。

2023 年，国家核准一批跨区特高压电网工程建设重点项目，新开工项目主要有金上—湖北 ±800 千伏特高压直流工程、陇东—山东 ±800 千伏特高压直流工程、宁夏—湖南 ±800 千伏特高压直流工程、哈密北—重庆 ±800 千伏特高压直流工程。

截至 2023 年年底，除 4 项新开工建设项目以外，还有 1 项特高压在建项目，为武汉—南昌 1000 千伏特高压交流输变电工程。

第四节 主要电力企业生产

一、电网企业生产

（一）生产情况

2023 年，全国主要供电企业供电量 7.9 万亿千瓦·时，同比增长 6.1%；售电量 7.6 万亿千瓦·时，同比增长 6.4%。其中，属于国家电网公司、南方电网公司（以下简称两大电网公司）的售电量合计 7.3 万亿千瓦·时，约占全国主要供电企业售电量的 96.5%。全国主要电力企业线损电量 3595 亿千瓦·时，线损率为 4.54%。

1. 供电量

2023 年除贵州外，全国各省份供电量均实现正增长，有 18 个省份供电量增速超过全国平均水平。其中，供电量增速前 5 位的省份分别为：海南（19.1%）、内蒙古（15.0%）、西藏（14.2%）、甘肃（12.9%）、新疆（11.7%）。2023 年供电量增速超过全国平均水平的省份供电量及增速如图 3-32 所示，2023 年供电量排名前十位的省份供电量及增速如图 3-33 所示。

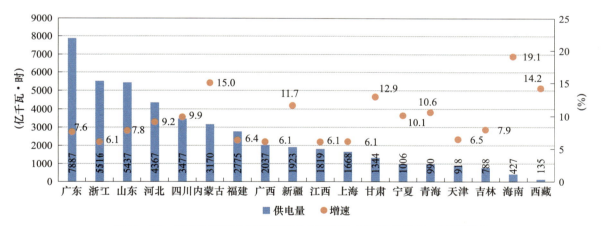

图 3-32 2023 年供电量增速超过全国平均水平的省份供电量及增速

2. 售电量

2023 年除贵州外，全国各省份售电量均实现正增长，有 16 个省份售电量增速超过全国平均水平。其中，售电量增速前 5 位的省份分别为：海南（19.0%）、西藏（18.3%）、内蒙古（15.6%）、甘肃（13.0%）、新疆（12.2%）。2023 年售电量增速超过全国平均水平的省份售电量及增速如图 3-34 所示，2023 年售电量排名前十位的省份售电量及增速如图 3-35 所示。

图 3-33　2023 年供电量排名前十位的省份供电量及增速

图 3-34　2023 年售电量增速超过全国平均水平的省份售电量及增速

图 3-35　2023 年售电量排名前十位的省份售电量及增速

（二）电网投资

1. 总体情况

2023 年，全国电网完成投资 5277 亿元，比上年增长 5.4%。其中，直流工程 145 亿元，比上年下降 53.9%；交流工程 4987 亿元，比上年增长 10.7%，占电网总投资的 94.5%。全年新增交流 110 千伏及以上输电线路长度 59049 千米，比上年下降 1.9%；新增交流 110 千伏及以上变电设备容量 35978 万千伏安，比上年增长 1.9%；新投产直流输电线路 2123 千米，比上年下降 4.5%；新投产换流容量 1600 万千瓦，比上年下降 11.1%。

2019－2023 年全国电网投资及增速如图 3－36 所示。

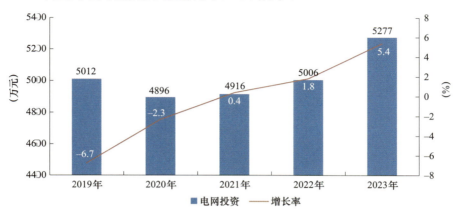

图 3－36　2019－2023 年全国电网投资及增速

2. 分区域情况

分区域的电网投资情况如下：

华北区域　投资额为 928 亿元，同比增长 3.9%，110 千伏及以上新增线路长度和交流变电设备容量比上年分别增长 15.8% 和 24.3%。

东北区域　投资额为各区域最小（321 亿元），比上年增长 18.5%。110 千伏及以上新增线路长度和交流变电设备容量比上年分别下降 47.8% 和 38.4%。

华东区域　投资额为 1092 亿元，为各区域最高，比上年下降 11.1%。110 千伏及以上新增线路长度和交流变电设备容量比上年分别下降 8.1% 和 2.0%。

华中区域　投资额为 1082 亿元，比上年增长 14.8%，主要是金上—湖北特高压直流工程、宁夏—湖南特高压直流工程开工建设，投资实现较快增长，110 千伏及以上新增线路长度和交流变电设备容量比上年分别下降 24.3% 和 16.5%。

西北区域　投资额为 589 亿元，比上年增长 13.2%。110 千伏及以上新增线路长度和交流变电设备容量比上年分别增长 46.2% 和下降 8.8%。

南方区域　全年电网投资 1000 亿元，比上年增长 6.7%。110 千伏及以上新增线路长度及交流变电设备容量比上年分别增长 64.9% 和 59.4%。

电网公司总部全年投资额为 266 亿元，比上年增长 24.0%，总部电网投资占全国电网投资的比重为 5.0%，比上年提高 0.8 个百分点。

2022 年、2023 年分区域电网投资额占全国电网投资比重、投资额及增速分别如图 3－37 和图 3－38 所示，2023 年分区域新增 110 千伏及以上交流输电线路长度及增速、变电设备容量及增速分别如图 3－39 和图 3－40 所示。

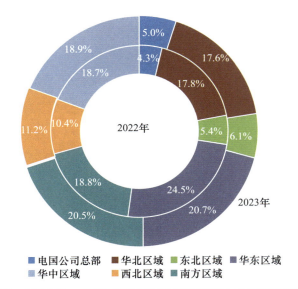

图 3-37　2022 年、2023 年分区域电网投资额占全国电网投资比重❶

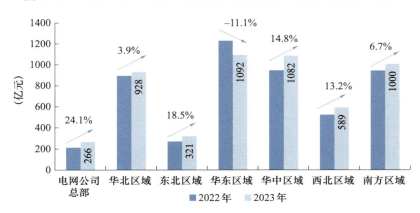

图 3-38　2022 年、2023 年分区域电网投资额及增速

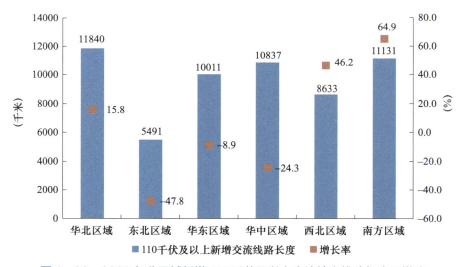

图 3-39　2023 年分区域新增 110 千伏及以上交流输电线路长度及增速

❶ 跨区投资额纳入国家电网公司和南方电网公司总部口径。

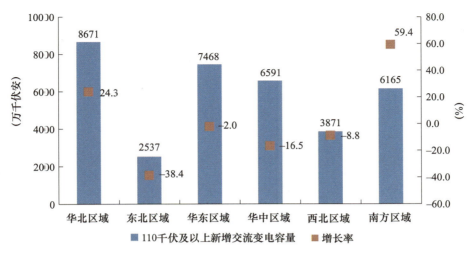

图 3－40　2023 年分区域新增 110 千伏及以上交流变电设备容量及增速

3．分电压等级情况

分电压等级的电网投资情况如下：

220 千伏及以上电压等级电网投资比上年增长　2023 年，220 千伏及以上电压等级电网完成投资 2212 亿元，比上年增长 7.0%。分电压等级看，220 千伏和 500 千伏电网完成投资金额超 600 亿元，分别为 892 亿元和 677 亿元；750 千伏和 330 千伏电网完成投资增速超过 50%，同比分别增长 123.4% 和 59.6%。

2022 年、2023 年全国分电压等级电网完成投资及增速如图 3－41 所示，2023 年全国分电压等级电网完成投资占全国电网投资比重如图 3－42 所示。

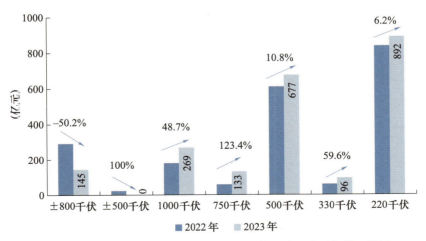

图 3－41　2022 年、2023 年全国分电压等级电网完成投资及增速

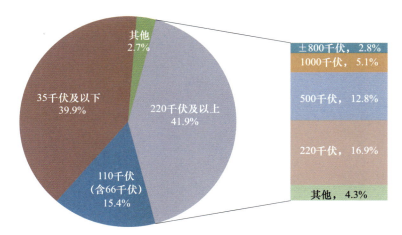

图 3-42　2023 年全国分电压等级电网完成投资占全国电网投资比重

2023 年投产的特高压直流工程 1 个，为白鹤滩—浙江特高压直流输电工程，新增线路长度 2123 千米，换流容量 1600 万千瓦。

在交流工程中，福州—厦门特高压交流工程、驻马店—武汉特高压交流工程等 5 个特高压交流工程投运，新增线路长度 1126 千米，变电容量 1200 万千瓦。500 千伏工程新增输电线路和变电设备容量比上年增长较多，分别比上年增加 2151 千米和 1722 万千伏安。

从新增规模分结构看，220 千伏和 110 千伏（含 66 千伏）新增线路长度占全国新增 110 千伏及以上交流输电线路长度的 42.7% 和 33.5%。500、220 千伏和 110 千伏（含 66 千伏）变电设备容量分别占全国新增 110 千伏及以上变电设备容量的 36.5%、29.5% 和 23.4%。

2022 年、2023 年全国新增 110 千伏及以上交流输电线路、变电设备容量分别如图 3-43 和图 3-44 所示。

图 3-43　2022 年、2023 年全国新增 110 千伏及以上交流输电线路

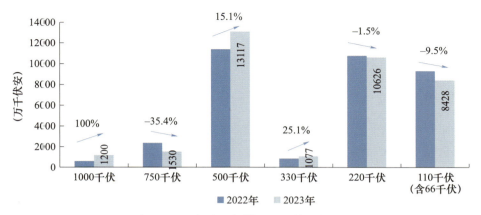

图 3-44　2022 年、2023 年全国新增 110 千伏及以上交流变电设备容量

配电网投资同比增长　2023 年，全国完成配电网投资 2920 亿元，比上年增长 6.0%，占全国电网投资比重为 55.3%，比上年提高 0.3 个百分点。其中，110 千伏（含 66 千伏）电网投资比上年增长 5.6%，35 千伏及以下电网投资比上年增长 6.2%。

2019-2023 年配电网投资及其增速如图 3-45 所示，2023 年 110 千伏及以下配电网投资如图 3-46 所示。

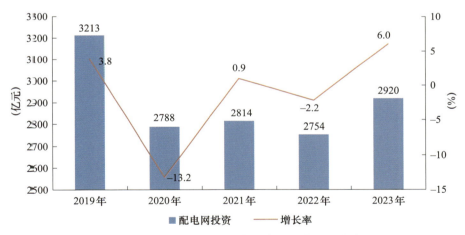

图 3-45　2019-2023 年配电网投资及其增速

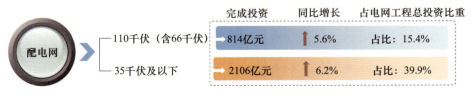

图 3-46　2023 年 110 千伏及以下配电网投资

农网改造投资同比增长　2023 年，全国主要农网改造完成投资 1743 亿元，比上年增长 5.6%。其中，国家电网公司完成投资增速高于全国平均增长水平。

二、主要发电企业

（一）发电生产与供应情况

2023 年，全国主要发电企业●装机 19.3 亿千瓦，比上年增长 12.4%，占全国总装机容量的 66.0%。其中，可再生能源装机 8.8 亿千瓦，比上年增长 23.3%；可再生能源发电装机容量占全部发电装机容量比重的 45.8%，占比提高 4.3 个百分点。发电量 66159 亿千瓦·时，比上年增长 6.3%，占全国总发电量的 71.2%。其中，可再生能源发电量 18370 亿千瓦·时，比上年增长 8.4%，发电增速高于传统电力类型；可再生能源发电量占全部发电量比重 27.8%，占比提高 0.6 个百分点。发电设备利用小时 3690 小时，比上年降低 154 小时，较全国设备利用小时高 92 小时。

2019–2023 年主要发电企业发电装机容量和发电量情况分别如图 3–47 和图 3–48 所示。

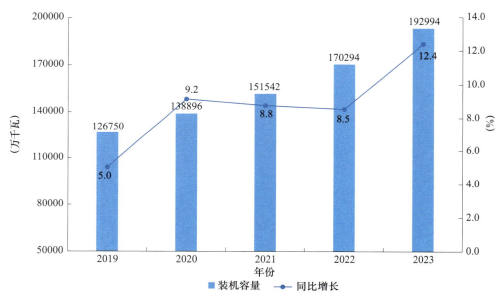

图 3-47　2019–2023 年主要电力企业合计发电装机容量情况

● 主要发电企业是指中国华能集团有限公司、中国大唐集团有限公司、中国华电集团有限公司、国家能源投资集团有限责任公司、国家电力投资集团有限公司、中国长江三峡集团有限公司、中国核工业集团有限公司、中国广核集团有限公司、中国节能环保集团有限公司、中国能源建设股份有限公司、中国石油天然气集团有限公司、中国海洋石油集团有限公司、中煤电力有限公司、广东省能源集团有限公司、浙江省能源集团有限公司、北京能源集团有限责任公司、申能股份有限公司、河北省建设投资集团有限责任公司、华润电力控股有限公司、国投电力控股股份有限公司、新力能源开发有限公司、甘肃省电力投资集团有限责任公司、安徽省皖能股份有限公司、江苏省国信集团有限公司、江西省投资集团公司、广州发展集团股份有限公司、深圳能源集团股份有限公司、晋能控股电力集团有限公司、晋能控股山西电力股份有限公司、中铝宁夏能源集团有限公司、山东能源集团有限公司、内蒙古能源集团有限公司、宁夏电力投资集团有限公司、陕煤电力集团有限公司、云南省能源投资集团有限公司等。

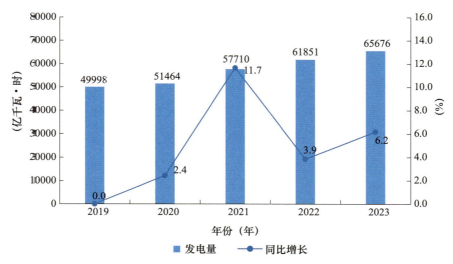

图 3-48 2019-2023 年主要电力企业合计发电量情况

1. 发电量情况

2023 年，全国主要发电企业水电发电量合计为 8448 亿千瓦·时，比上年下降 4.7%。火电发电量合计为 43759 亿千瓦·时，比上年增长 5.8%。核电发电量 4345 亿千瓦·时，比上年增长 4.0%。风电发电量 6853 亿千瓦·时，比上年增长 15.7%。太阳能发电发电量 2750 亿千瓦·时，比上年增长 43.1%。

2022-2023 年全国主要发电企业分类型发电量及占比变化情况如图 3-49 所示。

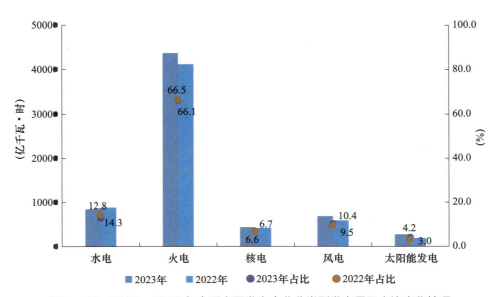

图 3-49 2022-2023 年全国主要发电企业分类型发电量及占比变化情况

2. 发电装机容量情况

截至 2023 年年底，全国主要发电企业水电装机容量 2.5 亿千瓦，比上年增长 0.8%。火电装机容量 10.0 亿千瓦，比上年增长 5.0%。核电装机容量 5691 万千瓦，比上年增长 2.4%。风电装机容量达到 3.4 亿千瓦，比上年增长 20.0%，其中，国家能源投资集团有限责任公司和国家电力投资集团有限公司风电装机容量超过了 5000 万千瓦，国家能源投资集团有限责任公司年风电发电量超过 1200 亿千瓦·时，是我国风电装机规模最大的发电企业。太阳能发电装机容量 2.9 亿千瓦，同比增长 58.6%。国家电力投资集团有限公司太阳能发电装机容量接近 7000 万千瓦，年发电量接近 800 亿千瓦·时，是我国太阳能发电装机规模最大的发电企业。

3. 发电技术经济指标情况

2023 年，有 16 家主要发电企业的发电设备利用小时超过全国发电平均利用小时（3598 小时），有 7 家主要发电企业的发电设备利用小时比上年提高。

2023 年主要发电企业火电机组分容量等级设备利用小时及增减情况如图 3-50 所示。

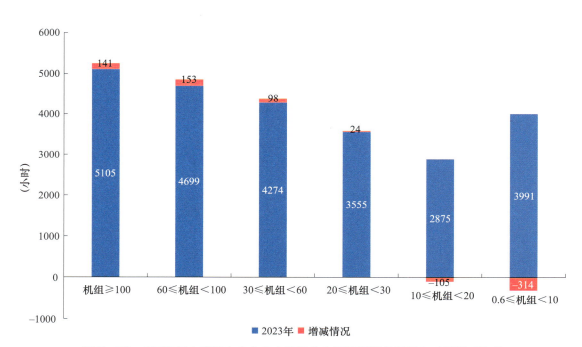

图 3-50　2023 年主要发电企业火电机组分容量等级设备利用小时及增减情况

主要发电企业的火电机组标准煤耗稳定下降。2023 年，全国主要发电企业火电机组发电煤耗为 281.3 克/（千瓦·时），比上年下降 0.32 克/（千瓦·时）；供电标准煤耗为 296.1 克/（千瓦·时），比上年 0.67 克/（千瓦·时）。

2023 年主要发电企业分机组容量等级的发、供电标准煤耗及增减情况见表 3–10。

表 3–10　　2023 年主要发电企业分机组容量等级的发、供电标准煤耗及增减情况

容量等级 （万千瓦）	发电标准煤耗 [克/（千瓦·时）]	比上年增减 [克/（千瓦·时）]	供电标准煤耗 [克/（千瓦·时）]	比上年增减 [克/（千瓦·时）]
合计	281.0	− 0.27	296.1	− 0.62
机组≥100	273.1	0.86	284.3	0.74
60≤机组＜100	286.6	1.53	302.1	1.40
30≤机组＜60	280.9	− 1.79	297.3	− 2.19
20≤机组＜30	271.7	− 3.97	291.9	− 5.07
10≤机组＜20	261.3	− 10.55	278.4	− 13.57
0.6≤机组＜10	258.3	− 20.05	277.7	− 22.67

（二）电源投资和新增装机情况

2023 年，主要发电企业新增装机 17111 万千瓦，比上年增长 59.1%。其中非化石能源发电装机新增 13430 万千瓦，占新增装机容量的 58.2%。新增新能源发电装机 12161 万千瓦。

2023 年，主要发电企业新增水电装机容量 636 万千瓦，同比下降 69.7%，新增抽水蓄能发电装机容量 515 万千瓦，同比下降 34.8%。

2023 年，主要发电企业新增火电装机容量 3689 万千瓦，同比增长 60.0%；其中，煤电 3202 万千瓦，司比增长 74.3%，气电 474 万千瓦，同比增长 13.7%。

2023 年，主要发电企业新增核电装机容量 139 万千瓦，同比下降 39.1%，主要是中国广核集团有限公司在广西（华龙一号三代核电技术）新投一台核电机组，单机为 118.8 万千瓦；中国华能集团有限公司在山东威海石岛湾核电高温气冷堆示范工程（世界首个实现模块化第四代核电技术商业化运行的核电站）新投一台核电机组，单机 20 万千瓦。

2023 年，主要发电企业新增风电装机容量 4171 万千瓦，同比增长 92.2%，其中，陆上风电 3685 万千瓦，海上风电 486 万千瓦。

2023 年，主要发电企业新增太阳能发电和装机容量 8475 万千瓦，同比增长 114.3%。

2022–2023 年全国主要发电企业分类型新增发电装机容量及占比变化情况如图 3–51 所示。

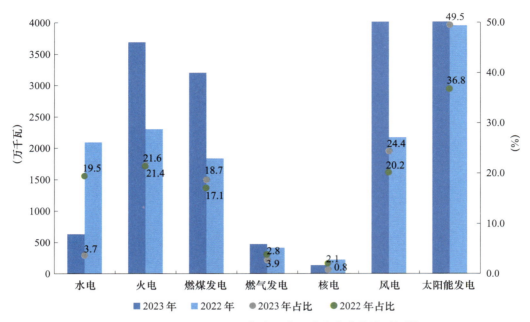

图 3-51　2022-2023 年全国主要发电企业分类型新增
发电装机容量及占比变化情况

2023 年，电力行业深入贯彻落实党中央、国务院决策部署，统筹推进电力安全和绿色低碳转型，有力有效发挥电力投资拉动作用，推动新能源、新业态项目加快形成实物工作量，全年能源投资保持快速增长。全国主要电力企业电源工程建设完成投资 10225 亿元，同比增长 37.7%。其中，非化石能源发电投资完成 9124 亿元，占电源总投资的 89.2%。水电完成 1029 亿元，同比增长 18.0%；火电完成 1124 元，同比增长 25.6%；核电完成 1003 亿元，同比增长 27.7%；风电完成 2753 亿元，同比增长 36.9%；太阳能发电完成 4316 亿元，同比增长 50.7%。

2022-2023 年全国主要发电企业分类型电源投资及占比变化情况如图 3-52 所示。

三、安全生产与应急管理

2023 年全国电力行业以习近平新时代中国特色社会主义思想为指导，贯彻落实党中央、国务院关于安全生产各项决策部署，安全发展理念进一步深入人心，电力保供和政治保电成绩突出，电力安全生产双重预防机制不断健全，电力安全生产专项行动成果显著，电力安全监督管理再上新台阶，保持了全国电力安全生产形势稳定，为经济高质量发展提供了安全可靠的电力供应保障。

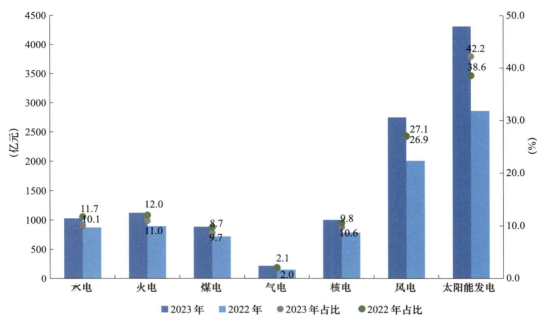

图 3-52　2022-2023 年全国主要发电企业分类型电源投资及占比变化情况

（一）各发电集团认真履行安全发展的重要职责，积极保障国家能源安全

中国华能集团有限公司全面落实党中央、国务院决策部署，落实全年工作"十六个字"总要求、"两个确保"总目标，高效统筹发展和安全，能源安全保供彰显责任担当，安全专项整治行动扎实有力，重点领域安全保障能力不断增强，科技赋安能力实现有效提升，安全生产基础不断稳固，安全生产形势总体保持稳定，以扎实成效保障了公司高质量发展，在保障国家能源安全、服务经济社会发展中发挥了"顶梁柱""压舱石"作用。中国华电集团有限公司真正做到了把"时时放心不下"的责任感转化为"事事心中有底"的执行力，守牢安全生产底线，切实落实安全生产责任制，坚决做到守土有责、守土尽责，压紧压实各级责任，实行安全生产第一责任人制，构建全覆盖安全责任体系，以责任到位推动各项安全制度、措施落实到位；巩固深化双重预防机制，切实提高风险隐患排查整改质量，采取有效措施，狠抓各项风险隐患排查整治，从根本上消除隐患、解决问题，全面提高安全生产管理水平。国家能源投资集团有限责任公司面对能源保供和转型发展"双重考验"，推进发展提质、运营提效、管理提升"三大任务"，坚定不移抓保供、稳安全，抓好电力可靠供应，确保关键时刻顶得上、发得出、稳得住；接续推动新能源多元化、快速化、规模化、效益化、科学化发展，统筹推动煤电与新能源项目齐头并进，坚持问题导向，攻关新能源规模化发展瓶颈制约，破解水电项目开发建设难题堵点，确保完成重大项目关键节点目标，增强抗风险能力和韧性。中国大唐集团有限公司坚决贯彻党中央、国务院决策部署，严格落实安全生产"十五条"硬措施，紧紧围绕"四个着力、三个更好统筹、五大攻坚战"扎实开展各项相关工作，持续完善安全生产责任体系，提升全员安全生产履职能力，深入推进本质安全工程建设，深化双重预防机制建设，聚焦重点领域安全风险管控，厚植安全文化理念，不断提升安全生产治理体系和治理能力现代化水平，以高质量安全保障"二次创业"行稳致远，安全生产工作不断取得新成效。国家电力投资集团有限公司深入学习贯彻习近平总书记关于安全生产重要论述精神，切实把思想和行动统一到党中央、国务院的各项决策部署上来，坚决扛起防范安全环保风险的政治责任；坚持"从严从实抓安全"的主基调不动摇，完善安全生产顶层设计，将"六个紧盯"要求贯彻落实到全年安全生产工作中，狠抓各级安全生产责任落实，切实筑牢安全生产基础，坚决防控重点行业领域安全风险。

（二）各级电网企业认真抓好安全生产，采取切实措施保障电力生产供应。

抓安全、夯基础、保供电，确保电力可靠供应和安全生产平稳局面。国家电网有限公司深入贯彻习近平总书记关于安全生产的重要论述和重要指示批示精神，认真贯彻党中央、国务院安全生产工作部署，深刻认识安全形势，树牢安全发展理念，突出安全基础地位，采取扎实有效举措，统筹发展和安全，统筹保供和转型，在迎峰度夏度冬、防汛抗台风、抗击雨雪冰冻、抗震救灾及亚运会、大运会保电等一系列重大战役，确保了电网安全运行和电力可靠供应，有力服务了党和国家工作大局，为经济社会高质量发展作贡献。

从严从紧落实安全生产责任，本质安全能力不断提高。中国南方电网有限责任公司深入学习贯彻习近平总书记关于安全生产重要论述精神，认真落实党中央、国务院决策部署，站位全局强化安全，紧紧围绕建设本质安全型企业，从严从紧落实安全生产责任，加强南方电网大应急体系建设，巩固"大安全大应急"格局。统筹发展和安全，筑牢大电网安全防线，守牢民生用电底线。坚持综合施治提升效能，提高安全治理水平，防范化解重大安全风险隐患，电力安全保供实现双平稳，有力服务保障经济社会大局稳定。

一是积极保供保电，彰显责任担当。北京夏季高温天气来得早、来得猛、"防汛模式"和"度夏模式"频繁切换，国网北京电力公司在面对 2023 年的"7·31"北京暴雨气象灾害发生时，坚持民生优先、以人为本原则，积极抢险救灾，电力保供政治保电彰显责任担当。**以最快速度完成电力保通抢修**。明确抢通、恢复、服务"三大任务"，建立信息报告、集中会商、应急处置、包干包保"四项机制"，19 家单位对口支援，500 人决战妙峰山、800 人会战十渡，6 天 30 个受灾乡镇全部通电，14 天全部 273 个村庄恢复供电，"国网速度"成为北京市抢险救灾中的佳话。**以最强力度做好电网灾后重建**。迅速转段打响灾后重建"百日攻坚战"，成立灾后重建办，建立定期例会、工作协调、督查督办、资料归档工作机制，投入超 1.5 万作业人次，用不到 3 个月的时间完成了全部主配网线路的重建任务，恢复了全部 3.8 万户受损"煤改电"设施。**以最高标准提升防灾减灾救灾能力**。立足防大汛、抢大险、救大灾，编制提升工作方案，倒排工期明确里程碑节点任务，开展恢复＋示范工程建设。山区与平原同步推进、主网与配网同向发力，提升首都电网抵御自然灾害韧性初见成效，抢险救灾工作得到北京市和国家电网公司高度肯定，在重大灾情面前发挥"顶梁柱"作用，体现出"顶得住"的韧性，交出灾后重建的高分答卷。

二是夯实设备安全运行基础，守牢电网安全生命线。2023 年以来，广西电网有限责任公司坚持"唯真唯实、严谨严格"的作风，按照"关口前移、抓早抓小"的策略，围绕"保重点、守底线、优体系、强支撑、带队伍"的总体思路，全力以赴抓好安全生产工作，确保了全年安全生产局面持续平稳，实现了电力生产安全"零事故、零死亡"。有效应对红水河等流域来水有历史记录以来最枯的严峻局面，在统调负荷七次创新高、日电量八次创新高的情况下，全年未进行有序用电，电力供应平稳有序；试点开展配网供电安全能力体系建设，梳理网架一、二级风险，支撑配网精准规划，靶向整治频繁停电线路 1905 条、台区 347 个，完成 407 条高故障线路综合整治、361 条配网线路防雷改造，故障率同比下降 26%，供电可靠性提升攻坚成效显著；深化应用电网、设备、作业"三险联动"机制，开展"应做必做"的穿透式督查，全面落实设备运行方案 33 项风险 83 项重点工作，设备安全运行基础进一步夯实；整治涉电公共安全隐患 20336 项，完成低压裸导线绝缘化改造 3871 千米，完成水电站防汛隐患整改，关停 4 座 C 类电站，电力公共安全风险得到有效管控；开展应急管理体系和能力提升行动，成功应对 3 轮低温雨雪冰冻天气，14 次台风、强降雨等自然灾害，以最快速度恢复供电，全年圆满完成习近平总书记、李强总理到广西视察，首届全国学青会等重大活动保供电任务 534 项，应急和保供电水平进一步提高。

三是应急保电措施有力，电网持续安全稳定运行。国网江苏省电力有限公司面对建设检修任务重、灾害天气多、保供压力大等挑战，科学安排电网运行方式，加强重要设备运行监视，"一交四直"特高压混联电网安全运行，成功应对寒潮、强对流等 45 轮次灾害天气，圆满完成习近平总书记江苏调研等重大活动保电和杭州亚运会、成都大运会等跨省支援任务；坚持先降后控，有效管控 220 千伏及以上主网五级及以上电网风险 380 项，高质量完成重大事故隐患专项排查整治行动，细化编制 12 类 840 项隐患排查标准，治理重大隐患 9 项，完成率达到 100%，确保电网持续安全稳定运行。国网浙江省电力有限公司主动担当、攻坚克难，在保供稳价、亚运保电、新型电力系统建设、数字化转型各项大战大考中连战连捷，圆满完成了保供保电政治重任，安全生产保持平稳态势，安全治理能力与治理体系现代化水平取得长足进步；压紧压实安全生产责任，巩固健全双重预防机制，切实加强现场作业管控，始终以保电建机制、强体系，以保电练精兵、强队伍，以保电树形象、铸品牌，统筹兼顾保供稳价，电网运行安全稳定，供需两侧发力保供应，精细管控成本稳电价，夯实电网基础保稳定，强化设备管控保障平稳运行，优化运检模式提升生产效能，以数字转型牵引新型电力系统提质增效，数字转型激发运检活力，数字转型支撑新业态新业务，新型电力系统技术攻关发挥实效。

四是安全责任有效落实。 国网甘肃省电力公司各级党委理论学习中心组、党委会、安委会常态化学习习近平总书记关于安全生产的重要论述；组织召开 4 次安委会会议，督办落实电网风险管控、隐患排查整治、防灾减灾应急、电力安全保供等工作，细化落实上级安全生产工作部署，扎实推进安全生产工作意见 77 项重点工作。滚动修订领导班子成员"两个清单"和全员安全责任清单，公司领导以上率下，带头学安全、讲安全、抓安全，各级领导讲安全课 79 次。国网河北省电力有限公司党委始终把安全生产作为重大政治任务，深入学习贯彻习近平总书记关于安全生产的重要论述和重要指示批示精神，以领导班子"两个清单"和全员安全责任清单为抓手压紧压实各级安全责任，专题研究部署安全生产、电力保供、隐患整治等重点工作，统筹推进安全生产"十四五"行动计划、应急能力提升、度夏度冬保供等系列安排，推动重大安全部署在公司落地落实。国网新疆电力有限公司紧盯目标，健全安全责任体系，紧盯"三杜绝四防范"安全目标，建立安全指标体系，制定 18 项预控型指标和评价考核标准，与各级专业部门签订安全生产责任书，层层压实"三管三必须"安全责任；将各级人员"两个清单"与规章制度、安全目标相结合，优化"三种人"、项目管理人员责任清单，实现安全责任与业务工作、安全指标有机衔接，做实安全责任"两个清单"，建立"全面体检"安全巡查和"靶向诊治"专项巡查机制，横向评价专业部门、纵向巡查基层单位的安全履职情况，专业部门按月自评、各级安委办按季监督，全面落实安全责任。

第五节　主要电力企业经营

一、电网企业

2023 年底，国家电网有限公司、中国南方电网有限责任公司、内蒙古电力（集团）有限责任公司（以下将国家电网公司、南方电网、蒙西电网简称"三家电网公司"）资产总额合计 6.56 万亿元，比上年增长 6.5%；负债总额 3.69 万亿元，比上年增长 6.1%；平均资产负债率为 56.3%，比上年底降低 0.2 个百分点。

2023 年，三家电网公司主营业务收入合计 4.51 万亿元，比上年增长 2.6%；电网建设完成投资合计 6609 亿元，比上年增长 7.4%；利润总额合计 1143 亿元，比上年增长 17.3%；上缴税金合计 1627 亿元。2023 年三家电网公司部分主要经营数据如图 3-53 所示。

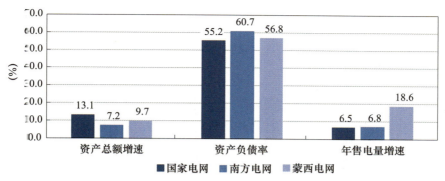

图 3-53 2023 年三家电网公司部分主要经营数据

二、发电企业

（一）五大发电集团

2023 年年底，五大发电集团可控发电装机规模为 12.0 亿千瓦，同比增长 10.9%。五大发电集团可控发电装机的发电量为 4.0 万亿千瓦·时，同比增长 4.7%。五大发电集团资产总额合计 7.38 万亿元，比上年增长 8.3%。2022 年、2023 年年底五大发电集团资产总额如图 3-54 所示。

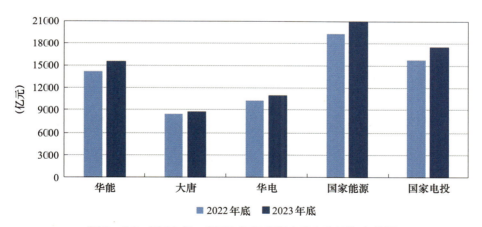

图 3-54 2022 年、2023 年年底五大发电集团资产总额

2023 年，王大发电集团电力业务收入 1.58 万亿元，比上年增长 3.4%。2022、2023 年五大发电集团电力业务收入如图 3-55 所示。

2023 年，五大发电集团电力业务利润总额为 1081 亿元，比上年增加 906 亿元，主要是在 2022 年大幅亏损的煤电业务在 2023 年实现盈利。五大发电集团火电业务利润总额为 196 亿元，部分发电集团火电业务仍处于亏损状态，其中，煤电业务利润总额为 202 亿元。2022 年、2023 年五大发电集团火电业务利润如图 3-56 所示。

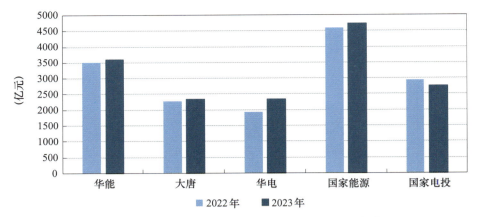

图 3-55　2022 年、2023 年五大发电集团电力业务收入

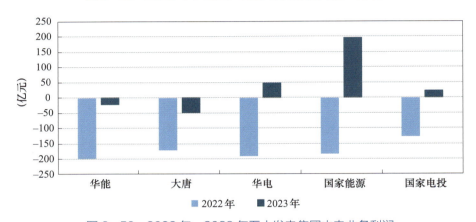

图 3-56　2022 年、2023 年五大发电集团火电业务利润

（二）其他大型发电企业

根据对 19 家❶其他大型发电企业（以下简称"19 家电企"）的调查数据分析，截至 2023 年年底，19 家电企中不含中广核、申能股份的 17 家电企资产总额合计 5.68 万亿元，比上年增长 10.6%，比同期五大发电集团增速高 2.3 个百分点。

截至 2023 年年底，19 家电企的可控发电装机容量为 6.78 亿千瓦，比上年增长 15.8%，比同期五大发电集团增速高 5.0 个百分点。2022 年、2023 年 19 家电企可控发电装机容量及增速如图 3-57 所示。

---

❶ 本节中 19 家电企指中国长江三峡集团有限公司（以下简称三峡集团）、中国核工业集团有限公司（以下简称中核集团）、中国广核集团有限公司（以下简称中广核）、广东省能源集团有限公司（以下简称广东能源）、浙江省能源集团有限公司（以下简称浙能集团）、北京能源集团有限责任公司（以下简称京能集团）、申能股份有限公司（以下简称申能股份）、河北省建设投资集团有限责任公司（以下简称河北建投）、华润电力控股有限公司（以下简称华润电力）、国投电力控股股份有限公司（以下简称国投电力）、新力能源开发有限公司（以下简称新力能源）、甘肃省电力投资集团有限责任公司（以下简称甘肃电投）、安徽省皖能股份有限公司（以下简称皖能股份）、江苏省国信集团有限公司（以下简称江苏国信）、广州发展集团股份有限公司（以下简称广州发展）、深圳能源集团股份有限公司（以下简称深圳能源）、晋能控股山西电力股份有限公司（以下简称晋控电力）、中国海洋石油集团有限公司（以下简称中海油）、中国中煤能源集团有限公司（以下简称中煤集团）。

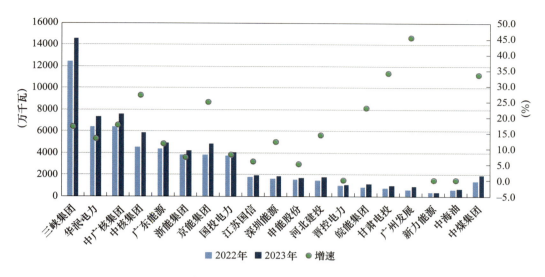

图 3-57 2022 年、2023 年 19 家电企可控发电装机容量及增速

截至 2023 年年底，19 家电企可控发电装机的发电量合计 2.39 万亿千瓦·时，比上年增长 8.8%，比同期五大发电集团增速高 4.1 个百分点。2022 年、2023 年 19 家电企可控发电装机的发电量及增速如图 3-58 所示。

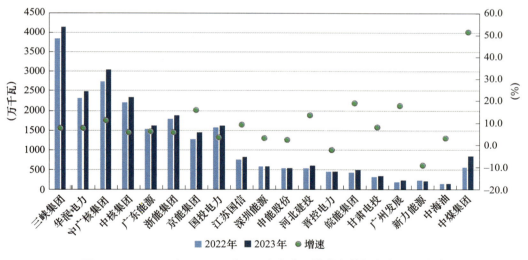

图 3-58 2022 年、2023 年 19 家电企可控发电装机发电量及增速

2023 年，19 家电企中不含中广核、广东能源、申能股份的 16 家电企电力业务利润总额 1163 亿元，比上年增加 382 亿元，电力业务利润主要来自于三峡集团、中核集团、华润电力、国投电力等企业的非化石能源发电板块。2023 年，19 家电企中不含中广核、中核集团、广东能源、申能股份、皖能集团的 14 家电企火电业务利润总额为 229 亿元，其中煤电业务利润为 131 亿元。2023 年 16 家电企的电力业务及其火电业务利润如图 3-59 所示。

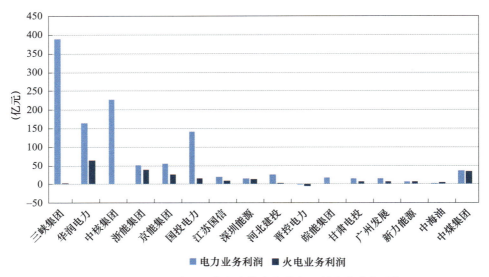

图 3-59 2023 年 16 家电企的电力业务及其火电业务利润

第六节 主要技术经济指标

随着国家对于"碳中和 碳达峰"的政策支持和监管力度的加强，火力发电也面临着更高的环保压力和成本压力。对此，国家一方面在积极推动煤电转型升级，鼓励煤电企业进行技术升级和改造，提高能源利用效率，减少污染排放，推动煤电行业的可持续发展；另一方面，也建立煤电容量电价机制，对煤电实行两部制电价政策，推动煤电行业转型升级、提高能源利用效率。通过建立煤电容量电价机制，进一步促进煤电企业的技术升级和改造，提高能源利用效率，减少污染排放，发挥火力发电在我国电力供应的兜底保障作用。

一、能耗指标

（一）全国情况

2023 年，电力行业继续推动火电机组灵活性改造，合理安排电网运行方式，提高火电调节峰谷的灵活性和精度，为新能源电力消纳腾出空间。在促进新能源电力消纳的同时，**全国平均发、供电煤耗同比有所提高**。全国 6000 千瓦及以上火电厂平均发电煤耗为 284.5 克/（千瓦·时），比上年提高 0.8 克/（千瓦·时）；全国 6000 千瓦及以上火电厂平均供电煤耗为 301.6 克/（千瓦·时），比上年提高 0.9 克/（千瓦·时）；2002-2023 年全国 6000 千瓦及以上火电厂发、供电煤耗情况如图 3-60 和图 3-61 所示。

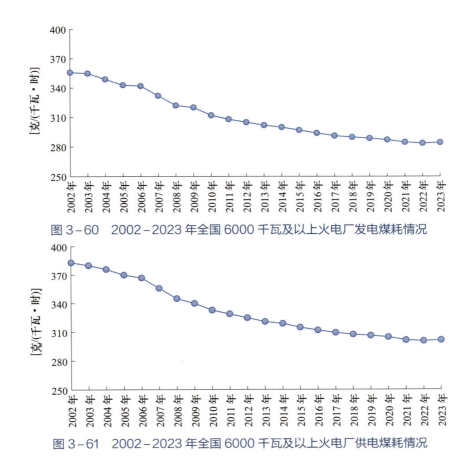

图 3-60　2002—2023 年全国 6000 千瓦及以上火电厂发电煤耗情况

图 3-61　2002—2023 年全国 6000 千瓦及以上火电厂供电煤耗情况

（二）分省份情况

分省份看，全国有 14 个省份 6000 千瓦及以上火电厂平均发、供电煤耗比上年提高，内蒙古、青海、海南、重庆、上海、广西、湖南、贵州、江西、宁夏、新疆、天津、甘肃和山西等省份 6000 千瓦及以上火电厂平均发、供电煤耗比上年有所下降。2023 年全国各省份 6000 千瓦及以上火电厂发、供电标准煤耗及变化幅度分别如图 3-62 和图 3-63 所示。

二、效率指标

（一）全国情况

发电厂用电率有所上升。2023 年，全国 6000 千瓦及以上电厂发电厂用电率为 4.65%，比上年提高 0.15 个百分点。其中，水电厂用电率 0.55%，火电厂用电率为 5.80%。

2002—2023 年全国 6000 千瓦及以上电厂发电厂用电率如图 3-64 所示。

（二）分省份情况

分省份看，受电源结构调整、电厂利用率提高和负荷变化等因素影响，海南、重庆、内蒙古、湖南等 17 个省份 6000 千瓦及以上电厂发电厂用电率出现不同程度的下降。四川、甘肃、河南、福建等地 6000 千瓦及以上电厂发电厂用电率略有提高。

图 3-62　2023 年全国各省（市、区）6000 千瓦及以上火电厂发电标准煤耗及变化幅度情况

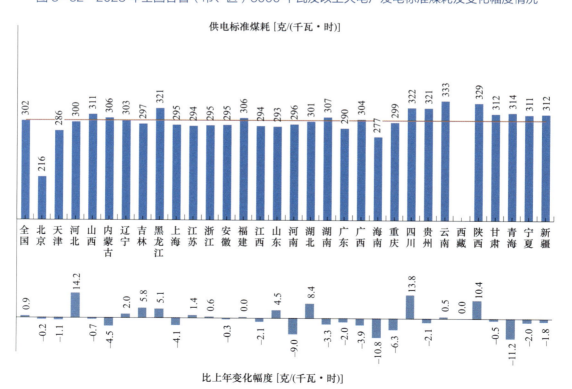

图 3-63　2023 年全国各省份 6000 千瓦及以上火电厂供电标准煤耗及变化幅度情况

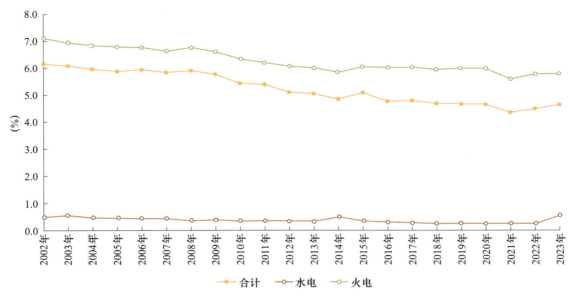

图 3-64　2002-2023 年全国 6000 千瓦及以上电厂发电厂用电率

2023 年全国各省份 6000 千瓦及以上电厂合计、火力发电、水电发电厂用电率及变化幅度如图 3-65～图 3-67 所示。

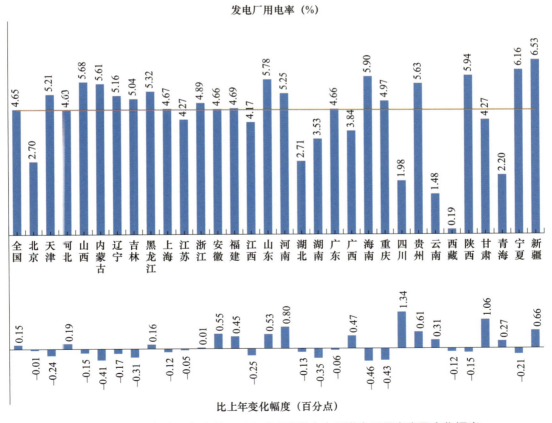

图 3-65　2023 年全国各省份 6000 千瓦及以上电厂发电厂用电率及变化幅度

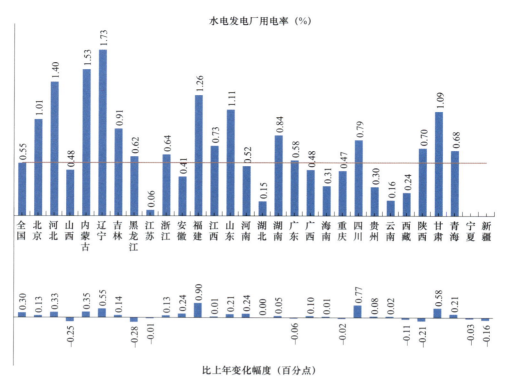

图 3-66　2023 年全国各省份 6000 千瓦及以上电厂水电发电厂用电率及变化幅度

图 3-67　2023 年全国各省份 6000 千瓦及以上电厂火电发电厂用电率及变化幅度

（三）线损率

1. 全国情况

全国线损率连续下降。2023 年，全国线损率为 4.53%，比上年下降 0.29 个百分点。

2004—2023 年全国线损率如图 3-68 所示。

图 3-68　2004—2023 年全国线损率

2. 分省份情况

绝大部分省份线损率持续下降。2023 年，26 个省份线损率呈现不同程度下降，吉林、辽宁、广东、海南、云南、天津等个别省份小幅上升。

2023 年全国各省份线损率及变化幅度如图 3-69 所示。

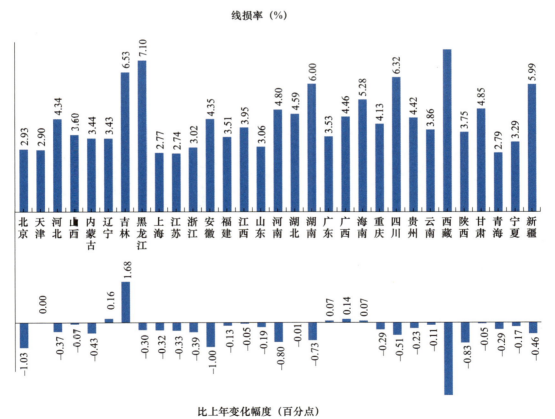

图 3-69　2023 年全国各省（区、市）线损率及变化幅度

第四章

电力电量平衡

第一节 电量平衡

一、发电量

（一）全国总体情况

2023 年，全国发电量 94564 亿千瓦·时，同比增长 6.9%，增速比上年提高 3.2 个百分点。

2019—2023 年全口径发电量及增速情况如图 4-1 所示。

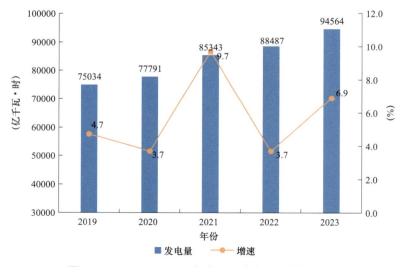

图 4-1 2019—2023 年全口径发电量及增速情况

根据国家统计局数据，2023 年，年初，受主要水库蓄水不足、来水偏枯，以及上半年降水持续偏少、电煤供应紧张等多种因素的影响，上半年规模以上电厂水电发电量同比下降

22.9%，导致上半年发电量增速偏低，下半年以来降水形势好转，加之新能源发电和迎峰度夏（冬）期间电力消费增长、燃煤采购渠道扩展火电企业积极发挥兜底保供作用，用电负荷增长部分省份改善需求侧响应，发电量增长速度不断提升。

2023 年全国规模以上电厂发电量及增速情况如图 4-2 所示。

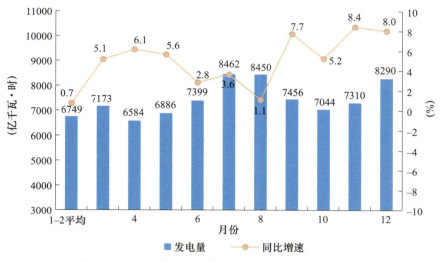

图 4-2　2023 年全国规模以上电厂发电量及增速情况

（二）分类型情况

2023 年，受年初流域水库群存水少、年内降雨偏少且来水少，水电站水库运行水位低，汛前梯级电站持续为下游补水提前消落，汛期未开展防洪调度水位抬升缓慢，年内运行水位整体偏低影响发电效率。水电发电量同比下降 4.9%，增速较上年降低 5.9 个百分点。在水电装机较多的省份中，贵州、广西、湖南水电发电量同比下降较多。

2023 年全国分类型发电量及其增速情况如图 4-3 所示。

水电	火电	核电	风电	太阳能发电
12859亿千瓦，同比下降4.9%	62657亿千瓦·时，同比增长6.4%	4347亿千瓦·时，同比增长4.1%	8859亿千瓦·时，同比增长16.2%	5842亿千瓦·时，同比增长36.7%

图 4-3　2023 年全国分类型发电量及其增速情况

分类型看，火力发电量占全部发电量的比重最大，为 66.3%，比上年降低 0.2 个百分点。水力发电量占比为 13.6，比上年降低 1.7 个百分点。与上年相比，新能源发电量占比较上年均有不同程度的提高，其中太阳能发电占比提高最多，较上年提高 1.3 个百分点。

2022－2023 年各类型全口径发电量占比情况如图 4－4 所示。

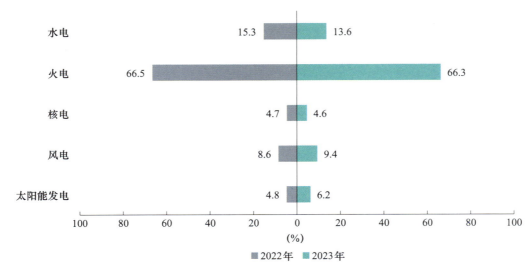

图 4－4　2022－2023 年各类型全口径发电量占比情况

2023 年，受水力发电量明显下降的影响，火力发电积极发挥兜底保供作用，火力发电量较快增长，对全国发电量增长的贡献率为 62.0%，但其增速仍低于全口径发电量 0.5 个百分点，火力发电量比重已从 2011 年的 81.3%持续下降到 2023 年的 66.3%。水力发电量 12859 亿千瓦·时，同比增长 4.9%。核能发电量 4347 亿千瓦·时，同比增长 4.1%。风力发电量 8859 亿千瓦·时，同比增长 16.2%，比总发电量增速高 9.3 个百分点，对全国发电量增长的贡献率为 20.3%，占总发电量的比重为 9.4%，比上年提高 0.7 个百分点。太阳能发电量 5842 亿千瓦·时，同比增长 36.7%，比总发电量增速高 29.8 个百分点，对全国发电量增长的贡献率为 25.8%，占总发电量的比重为 6.2%，比上年提高 1.3 个百分点。

二、发电利用小时

2023 年，全国 6000 千瓦及以上电厂发电设备利用小时 3598 小时，比上年降低 95 小时。2003－2023 年全国发电设备利用小时情况如图 4－5 所示。

（一）分类型情况

2023 年，全国 6000 千瓦及以上水电厂发电设备利用小时为 3130 小时，比上年降低 287 小时。火力发电设备利用小时为 4476 小时，比上年提高 87 小时，其中，煤电 4690 小时，比上年提高 97 小时，气电 2525 小时，比上年提高 85 小时。核能发电设备利用小时为 7670 小时，比上年提高 54 小时。风力发电设备利用小时为 2235 小时，比上年提高 16 小时，其中，陆上风电 2204 小时，海上风电 2602 小时。太阳能发电设备利用小时为 1292 小时，比上年降低 48 小时。

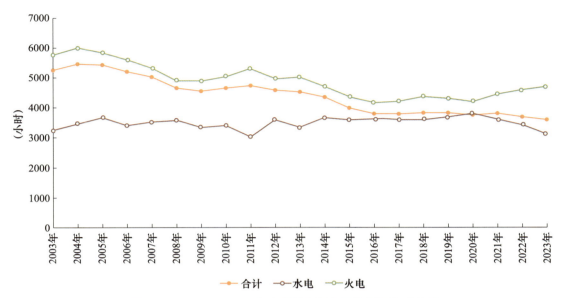

图 4-5　2003-2023 年全国发电设备平均利用小时情况

2023 年全国分类型发电设备利用小时及变化情况如图 4-6 所示。

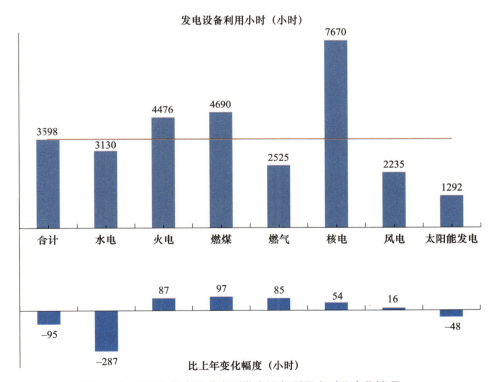

图 4-6　2023 年全国分类型发电设备利用小时及变化情况

（二）分区域情况

分区域看，华东和华北区域 6000 千瓦及以上电厂发电设备利用小时超过全国平均水平，分别为 4152 和 3608 小时。除华东区域外，其他区域发电设备利用小时均低于 4000 小时。全国除华东区域外，其他各区域发电设备利用小时均同比下降，其中，华中和西北区域降低超过 100 小时。

2023 年分区域 6000 千瓦及以上电厂发电利用小时情况如图 4-7 所示。

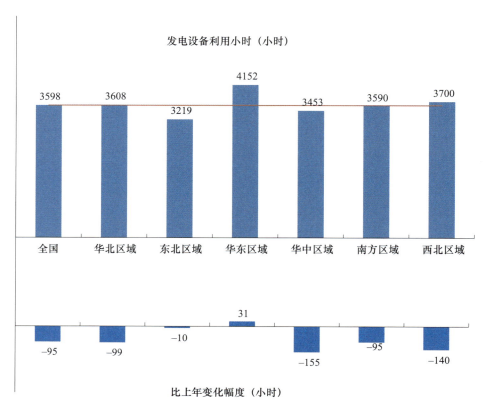

图 4-7　2022 年分区域 6000 千瓦及以上电厂发电利用小时情况

华北区域 2023 年，华北区域发电设备利用小时为 3608 小时，同比降低 99 小时，除火力发电、风力发电外，其他类型发电设备利用小时均同比降低。其中，核电设备利用小时降低较多，降低 548 小时，水力发电和太阳能发电设备利用小时分别降低 36 小时和 22 小时。

东北区域 2023 年，东北区域是发电设备利用小时最低的区域，仅为 3219 小时，同比降低 10 小时；区域内除火力发电和核能发电外，其他发电设备利用小时同比均出现不同程度的降低，其中水力发电设备利用小时降低较多，降低 310 小时。

华东区域 2023 年，华东区域是发电设备利用小时最高的区域，为 4152 小时，同比增加

31 小时，区域内除火力发电外，其他发电设备利用小时同比均出现不同程度的降低，水力发电、核能发电、风力发电、太阳能发电设备利用小时同比分别降低 249、12、20 小时和 77 小时。

华中区域 2023 年，华中区域发电设备利用小时为 3453 小时，同比降低 155 小时，除风力发电和太阳能发电外，区域内其他发电类型设备利用小时均同比降低，其中，火力发电设备利用小时 4111 小时，同比降低 91 小时（其中煤电降低 77 小时）。水力发电设备利用小时达到 3603 小时，为全国最高的区域。

南方区域 2023 年，南网区域发电设备利用小时为 3590 小时，同比降低 95 小时。区域内火力发电设备利用小时为 4374 小时，同比增加 349 小时，是我国火力发电设备利用小时同比增加最多的区域。区域内除水力发电外，其他类型发电设备利用小时均同比增加。

西北区域 2023 年，西北区域发电设备利用小时为 3700 小时，受区域内太阳能发电设备利用小时降低较多的影响，同比降低 140 小时。其中，水力发电设备利用小时为 3636 小时，同比增加 784 小时，太阳能发电设备利用小时为 1197 小时，同比降低 178 小时。

2023 年分区域分类型发电设备利用小时情况如图 4-8 所示。

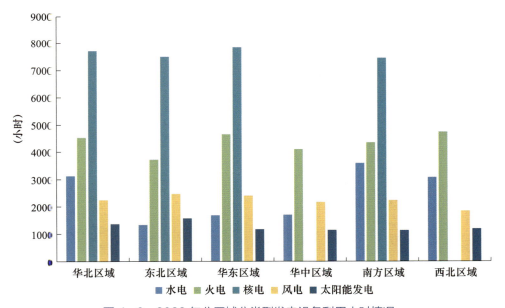

图 4-8　2023 年分区域分类型发电设备利用小时情况

（三）分省份情况

2023 年，全国有福建、浙江、重庆、江苏等 14 个省份 6000 千瓦及以上电厂发电设备利用小时高于全国平均水平，其中，福建、浙江、重庆、江苏和安徽超过了 4000 小时，分别为 4511、4359、4052、4025 和 4001 小时。甘肃、吉林、西藏和青海等省份不足 3000

小时。

全国除重庆、上海、黑龙江、天津、福建、山西、江苏、安徽和北京等 10 个省份外，其余省份 6000 千瓦及以上电厂发电设备利用小时均同比降低。其中，湖北、云南、甘肃、海南、湖南、西藏和江西等发电设备利用小时同比降低超过 200 小时，分别降低 275、267、266、266、265、256 小时和 205 小时。宁夏、山东、内蒙古、青海、新疆、陕西、河南和广西等发电设备利用小时同比降低也超过 100 小时。而重庆和上海发电设备利用小时同比增加超过 100 小时，分别增加 130 小时和 117 小时。

1. 水电

分省份看，全国有四川、云南、湖北、贵州等 11 个省份水电装机容量超过 1000 万千瓦，除广东、湖北和新疆外，其他省份 6000 千瓦及以上水电厂发电设备利用小时均同比降低，其中，贵州和广西同比下降超过 1000 小时，分别降低 1338 小时和 1067 小时。四川、云南、新疆和湖北等省份水电设备利用小时高于全国平均水平，分别为 3995、3838、3647 和 3503 小时，而贵州、广东、浙江水电设备利用小时不足 2000 小时。

2023 年全国水电装机容量超过 1000 万千瓦省份水电设备发电利用小时情况如图 4-9 所示。

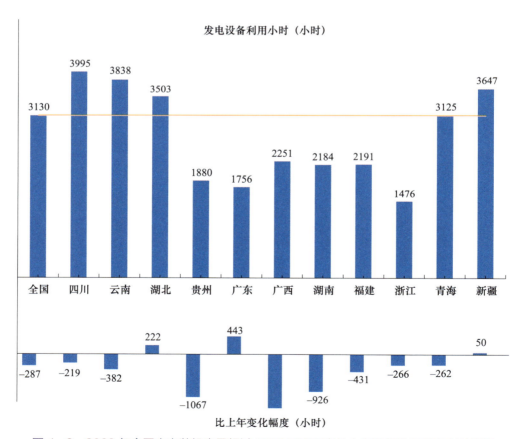

图 4-9　2023 年全国水电装机容量超过 1000 万千瓦省份水电设备发电利用小时情况

2. 火电

新疆、安徽、内蒙古、四川等 16 个省份 6000 千瓦及以上火电厂发电设备平均利用小时高于全国平均水平，其中，新疆、安徽和内蒙古过 5000 小时，分别为 5338、5084 和 5064 小时，四川、宁夏、重庆、福建、浙江、陕西、甘肃、广西、江西、云南、山西、江苏和贵州也超过 4500 小时。而西藏火电利用小时不足 1000 小时。

全国有云南、广西、贵州、四川等 19 个省份火电设备利用小时同比增加，其中，云南、广西、贵州、四川和福建火电设备利用小时同比增加超过 400 小时，分别增加 1329、726、975、598 和 415 小时，黑龙江、安徽、新疆、吉林、重庆、天津、上海、河北和江苏火电设备利用小时同比增加也超过了 100 小时。

2023 年全国各省份火电设备利用小时及变化情况如图 4−10 所示。

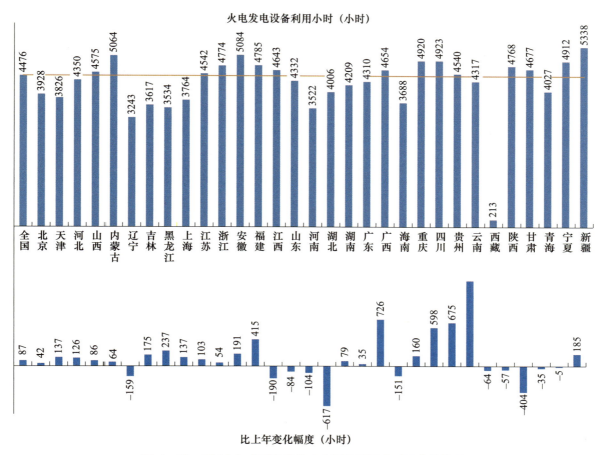

图 4−10　2023 年全国各省份火电设备利用小时及变化情况

分省份看，浙江、新疆、福建、内蒙古、安徽等 18 个省份 6000 千瓦及以上燃煤发电厂发电设备平均利用小时高于全国平均水平，其中浙江、新疆、福建、内蒙古、安徽、江苏、海南和四川超过 5000 小时，分别为 5615、5373、5144、5113、5100、5097、5042 小时和 5012

小时。北京煤电设备平均利用小时不足 1000 小时。全国有 21 个省份煤电设备平均利用小时同比增加，其中，云南、广西、四川和贵州煤电设备平均利用小时同比增加超过 600 小时，分别为 1476、853、774 小时和 671 小时，海南、福建、安徽、黑龙江、江苏、上海、浙江、新疆、河北、吉林和重庆等省份煤电设备平均利用小时同比增加也超过 100 小时。

2023 年煤电装机容量超过 3000 万千瓦省份煤电设备平均利用小时及变化情况如图 4-11 所示。

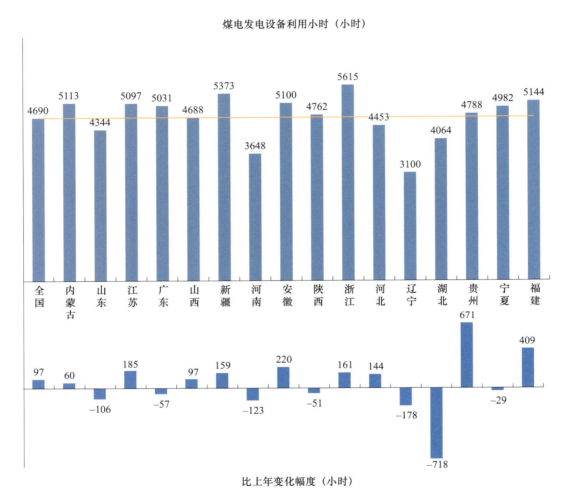

图 4-11　2023 年煤电装机容量超过 3000 万千瓦省（自治区、直辖市）煤电设备平均利用小时及变化情况

3. 核电

2023 年，在有核电装机的 8 个省份中，除广东和辽宁外，其余省份核电设备平均利用小时均超过全国平均水平，其中，浙江、海南和广西核电设备平均利用小时超过 8000 小时，分别为 8315、8078 小时和 8054 小时。2023 年，除浙江、辽宁和广东外，其余有核电装机的省份核电设备平均利用小时均同比降低，其中，山东和江苏同比降低超过 300 小时，分别降低 548 和 346 小时。

2023 年分地区核电设备平均利用小时及变化情况如图 4-12 所示。

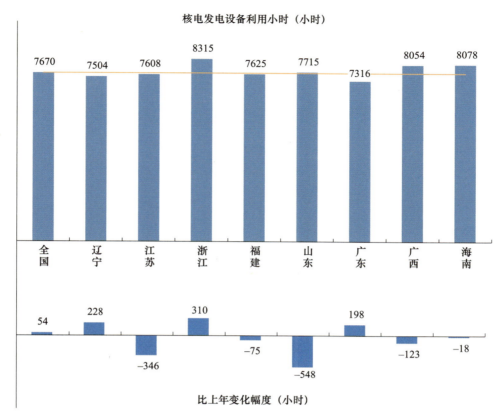

图 4-12 2023 年分地区核电设备平均利用小时及变化情况

4. 风电设备平均利用小时情况

2023 年，福建、西藏、黑龙江、内蒙古等 16 个省份的风电场发电设备平均利用小时超过全国平均水平，其中，西藏超过 3000 小时，为 3472 小时。

在风电装机容量超过 1000 万千瓦的 17 个省份中，除内蒙古、新疆、陕西、云南、广西、黑龙江和河南外，其他省份风电设备平均利用小时均同比增加，其中，辽宁、山西、宁夏、甘肃和山东同比增加超过 100 小时，分别增加 236、226、128、125 小时和 118 小时。而新疆和内蒙古风电设备平均利用小时同比降低 100 小时，分别降低 187 小时和 162 小时。

2023 年风电装机容量超过 1000 万千瓦省（自治区、直辖市）风电设备平均利用小时情况如图 4-13 所示。

5. 太阳能发电设备平均利用小时情况

2023 年，陕西、新疆、西藏、内蒙古等 21 个省份太阳能发电厂发电设备平均利用小时同比降低，其中，陕西、新疆、西藏、内蒙古、重庆、黑龙江和浙江同比降低超过 100 小时，分别降低 178、178、153、144、117、104 小时和 103 小时。

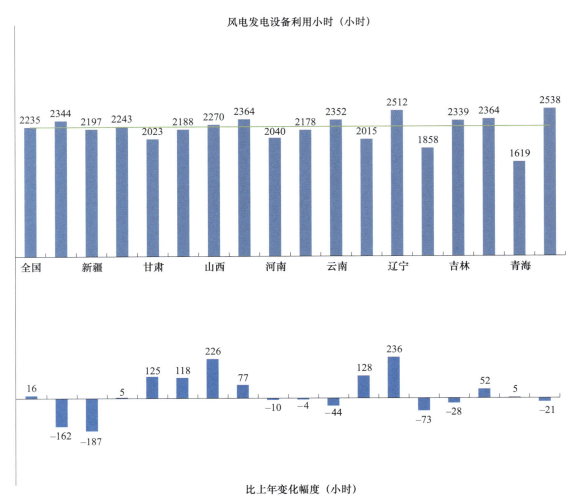

图 4-13　2023 年风电装机容量超过 1000 万千瓦省（自治区、直辖市）风电设备平均利用小时情况

　　黑龙江、吉林、四川、辽宁等 12 个省份太阳能发电设备平均利用小时超过全国平均水平，其中，黑龙江、吉林、四川、辽宁等省份太阳能发电设备平均利用小时超过 1500 小时，分别为 1620、1569、1565 小时和 1533 小时。

　　在太阳能发电装机容量超过 2000 万千瓦的 16 个省份中，宁夏、内蒙古、甘肃、青海、山西、河北和山东等 7 个省份太阳能发电设备平均利用小时高于全国平均水平，其中，宁夏、内蒙古、甘肃、青海超过 1400 小时，分别为 1491、1466、1444 小时和 1431 小时。除广东、山东、湖北、河北和山西外，其余省份太阳能发电设备平均利用小时同比降低，其中，陕西、新疆、内蒙古和浙江降低超过 100 小时，分别为 178、178、144 小时和 103 小时。

　　2023 年太阳能发电装机容量超过 2000 万千瓦的 16 个省份太阳能发电设备平均利用小时情况如图 4-14 所示。

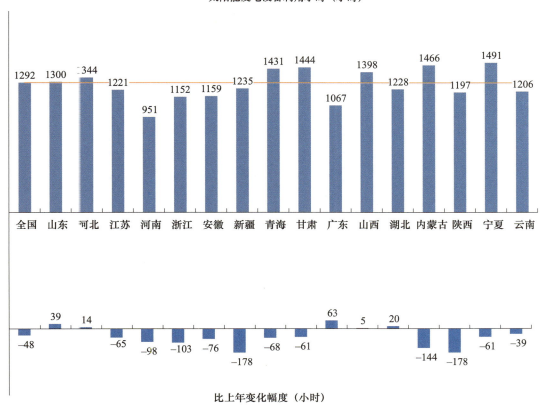

太阳能发电设备利用小时（小时）

比上年变化幅度（小时）

图 4-14 2023 年太阳能发电装机容量超过 2000 万千瓦的 16 个省（自治区、直辖市）
太阳能发电设备平均利用小时情况

三、用电量

（一）全国全社会用电总体情况

2023 年，全国全社会用电量 92238 亿千瓦·时，同比增长 6.7%，人均用电量 6538 千瓦·时/人，较上年增加 422 千瓦·时/人。

逐月看，1-2 月、3 月全社会用电量同比分别增长 2.3% 和 5.9%，3 月用电量增速比前两个月回升较多的主要原因主要是受上年同期基数明显波动影响（上年 3 月受华东、东北等部分地区疫情因素影响，全国用电量增速从 1-2 月的 5.8% 回落至 3 月的 3.5%，回落 2.3 个百分点），另外得益于当前我国经济运行企稳回升；4 月、5 月、6 月全社会用电量同比分别增长 8.3%、7.4% 和 3.9%，上年同期华东、东北等部分地区疫情形成的低基数因素是 4、5 月增速较高的重要原因；7 月、8 月、9 月全社会用电量同比分别增长 6.5%、3.9% 和 9.9%，8 月增速相对偏低主要是受上年同期高基数因素影响，8 月的两年平均增速达到 7.9%；10 月、11 月、12 月全社会用电量同比分别增长 8.4%、11.6% 和 10.2%，受上年同期多地疫情散发并给部分企业生产及消费带来冲击、外贸出口增速回落等因素影响，本年四季度用电增速明显提高。

2019－2023 年全国全社会用电量及其增速如图 4－15 所示，2023 年 1－12 月全国全社会用电量及其增速如图 4－16 所示。

图 4－15　2019－2023 年全国全社会用电量及其增速

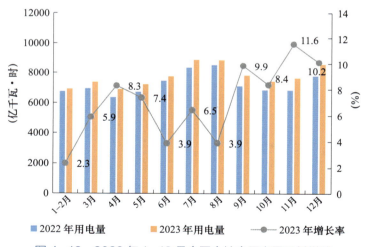

图 4－16　2023 年 1－12 月全国全社会用电量及其增速

（二）六大区域、三大经济区及各省份全社会用电情况

1．六大区域全社会用电情况

2023 年，华北、华东、华中和南方区域全年全社会用电量均超过 15000 亿千瓦·时，四个区域合计用电量占全国全社会用电量的 82.4%。华北、西北和南方区域全社会用电增速高于全国平均水平，分别拉动全社会用电量增长 1.8、0.6 个百分点和 1.6 个百分点。各区域用

电量增长对全社会用电量增长的拉动力比上年均有不同程度提高，其中，华北和南方区域对全社会用电量增长的拉动力比上年分别提高 1.2 个百分点和 1.4 个百分点。

2022、2023 年分区域用电量及其增速如图 4-17 所示。

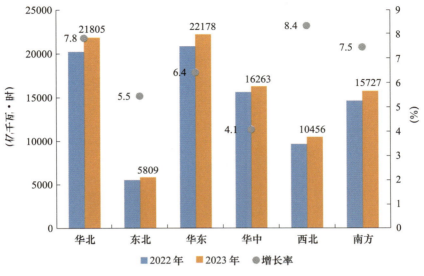

图 4-17　2022、2023 年分区域用电量及其增速

华北区域　全年全社会用电量为 21805 亿千瓦·时，同比增长 7.8%，比上一年提高 4.9 个百分点，三次产业和城乡居民生活用电增速均高于全国平均水平，其中，第三产业和居民生活用电量占本区域全社会用电量比重分别为 16.3% 和 11.8%，仅高于西北地区；四大高载能行业用电增速为 6.4%，在六个区域中排名第二位。

东北区域　全年全社会用电量为 5809 亿千瓦·时，同比增长 5.5%，比上一年提高 3.8 个百分点，增速在六个区域中仅高于华中区域，其中，第一产业用电量占本区域全社会用电量比重为 2.4%，为各区域中最高水平；第二产业用电量同比增长 4.0%，在各区域中增速最低；第三产业用电量同比增长 13.9%，在各区域中增速排名第二位。

华东区域　全年全社会用电量为 22178 亿千瓦·时，同比增长 6.4%，比上一年提高 1.8 个百分点，其中，第一产业用电量占本区域全社会用电量比重为 1.0%，低于其他五个区域；第二产业用电量同比分别增长 7.3%，仅次于西北区域。

华中区域　全年全社会用电量为 16263 亿千瓦·时，同比增长 4.1%，增速为各区域最低，比上一年回落 1.8 个百分点，第一产业用电量增长 14.6%，增速仅次于东北区域；第二产业用电量占本区域全社会用电量比重为 57.8%，为六个区域中最低；城乡居民生活用电量占本区域全社会用电量比重为 20.4%，高于其他五个区域。

西北区域　全年全社会用电量为 10456 亿千瓦·时，同比增长 8.4%，比上一年提高 5.2 个百分点，其中，第一产业用电增速为 3.7%，为各区域中最低水平。多年来，我国鼓励符合环保与能效标准的高载能行业，向西部地区拥有清洁能源优势的区域集聚，以充分发挥其资源优势，促进区域经济协调发展，西北区域第二产业用电量同比增长 8.4%，占本区域全社会用电量比重为 77.3%，均为各区域中最高水平。

南方区域 全年全社会用电量为 15727 亿千瓦·时，同比增长 7.5%，比上一年提高 5.8 个百分点，其中，第三产业和城乡居民生活用电量占本区域全社会用电量比重分别为 20.2% 和 17.2%，在各区域中均排名第二位。

2023 年各地区分产业用电增长对该地区用电增长贡献率如图 4-18 所示。

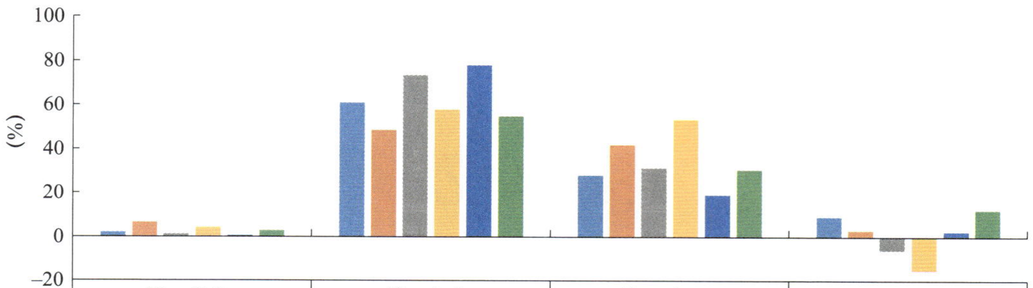

	第一产业	第二产业	第三产业	城乡居民生活
华北	2.1	60.9	28.0	9.0
东北	6.6	48.6	41.9	3.0
华东	1.3	73.7	31.3	−6.2
华中	4.2	57.8	53.3	−15.3
西北	0.6	78.0	19.0	2.4
南方	2.7	55.4	30.6	11.2

图 4-18　2023 年各地区分产业用电增长对该地区用电增长贡献率

2. 三大经济区全社会用电情况

2023 年，长江经济带、京津冀环渤海经济区全年全社会用电量均超过 20000 亿千瓦·时，分别占全国全社会用电量的 38.5% 和 27.6%，对全国全社会用电增长的贡献率分别为 30.7% 和 30.6%。其中，京津冀环渤海经济区全社会用电增速高于全国平均水平，拉动全社会用电量增长 2.0 个百分点。

2022 年、2023 年三大经济区用电量及其增速如图 4-19 所示。

京津冀环渤海经济区❶ 全年全社会用电量为 25503 亿千瓦·时，同比增长 7.4%，比上一年提高 4.7 个百分点，拉动全社会用电量增长 2.0 个百分点。第一产业、第三产业和城乡居民生活用电增速均高于全国平均水平。第二产业用电量占该地区全社会用电量的比重为 70.6%，拉动本地区全社会用电量增长 4.4 个百分点。

---

❶ 京津冀环渤海经济区包括北京、天津、河北、辽宁、山东、山西和内蒙古等省（自治区、直辖市）。

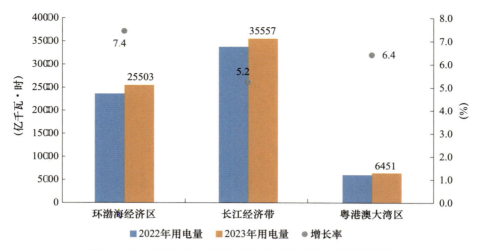

图 4-19 2022 年、2023 年三大经济区用电量及其增速

长江经济带❶ 全年全社会用电量为 35557 亿千瓦·时,同比增长 5.2%,比上一年回落 0.2 个百分点。三次产业用电量为 354、22545 和 6821 亿千瓦·时,同比分别增长 13.7%、6.0% 和 10.7%,拉动本地区全社会用电量增长 0.1、3.9 个百分点和 2.0 个百分点。

粤港澳大湾区❷ 全年全社会用电量为 6451 亿千瓦·时,同比增长 6.4%。分季度看,一季度全社会用电量同比增长 0.8%,增速较缓,但第二季度增速回升明显,用电量同比增长 8.7%,三、四季度同比增速分别为 4.6% 和 9.3%。

3. 各省份全社会用电情况

2023 年,广东、山东、江苏、浙江、内蒙古、河北、河南、新疆、四川、安徽、福建、山西、湖北、辽宁、云南、陕西、广西、湖南和江西 19 个省份全社会用电量超过 2000 亿千瓦·时,19 省份合计用电量 77969 亿千瓦·时,比上年增长 6.6%,占全国全社会用电量的 84.5%;对全国用电量增长的贡献率为 84.2%,拉动全社会用电增长 5.6 个百分点。

2023 年分省份全社会用电量及增速如图 4-20 所示。

2023 年,全国 31 个省份的全社会用电量均实现正增长,其中 14 个省份的用电增速高于全国平均水平(6.7%),除内蒙古、河北、吉林和四川外,其余 10 个用电量增速高于全国平均水平的省份均属于华东、西北、南方区域。海南、广西和新疆用电增速较上年提高超过 10%;其中,海南主要是受石油/煤炭及其他燃料加工业用电量高增长的拉动影响,广西主要是受有色金属冶炼和压延加工业用电量高增长的拉动影响,新疆主要是受有色金属冶炼和压延加工业用电量高增长的拉动影响。用电增速排名位居前三位的省份是海南(16.1%)、西藏(14.1%)和内蒙古(12.4%)。

---

❶ 长江经济带包括上海、江苏、浙江、安徽、江西、湖北、湖南、重庆、四川、云南和贵州等省(直辖市)。

❷ 粤港澳大湾区包括香港特别行政区、澳门特别行政区和广东省广州市、深圳市、珠海市、佛山市、惠州市、东莞市、中山市、江门市、肇庆市。

图 4-20 2023 年分省份全社会用电量及增速

2023 年分省份全社会用电量增速与全国平均增速比较如图 4-21 所示。

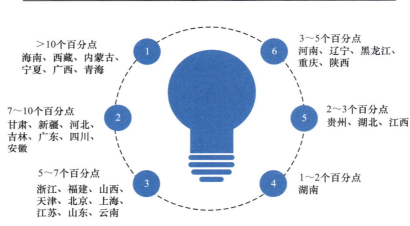

图 4-21 2023 年分省份全社会用电量增速与全国平均增速比较

四、跨区域跨省送电

2023 年，全国跨区域送电完成 8497 亿千瓦·时，同比增长 9.7%，增速比上年提高 3.4 个百分点。分区域看，西北、西南和华北是送出电量较大的区域，合计送出电量占全国跨区送电量的 73.2%。2019-2023 年全国跨区域送电量及增速如图 4-22 所示。

（一）跨区域电量交换情况

华北区域 2023 年华北区域跨区电量交换情况如图 4-23 所示，华北区域受入电量 1417 亿千瓦·时，同比增长 6.1%，占本区域用电量 6.5%；送出电量 1194 亿千瓦·时，同比增长 18.4%。其中，受入电量主要来自西北（51.0%）和东北（49.0%）。

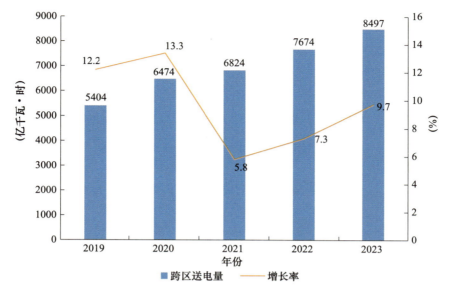

图 4-22 2019-2023 年跨区送电量及增速

图 4-23 2023 年华北区域跨区电量交换情况

迎峰度夏期间（7-9 月），华北区域分别从西北和东北受入电量 217 和 181 亿千瓦·时，华北通过雁淮直流和锡盟—泰州特高压等跨区线路送华东 282 亿千瓦·时，同比增长 0.7%。

东北区域 2023 年东北区域跨区电量交换情况如图 4-24 所示，东北区域送出电量 706 亿千瓦·时，同比增长 32.0%，送出电量占本区域发电量的 8.9%，受入电量 82 亿千瓦·时，同比下降 16.1%。送出电量中主要送往华北区域，其中，通过鲁固直流送华北 439 亿千瓦·时，同比增长 34.1%。受入电量中，东北受入华北电量 51 亿千瓦·时。

图 4-24 2023 年东北区域跨区电量交换情况

华东区域 2023 年华东区域跨区电量交换情况如图 4-25 所示,华东受入电量 3547 亿千瓦·时,同比增长 9.3%,外受电量占本区域用电量 16.0%。闽粤直流充分发挥跨区调剂作用,送出电量 24.0 亿千瓦·时,同比增长 444.6%。

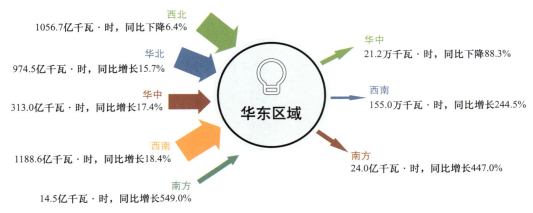

西北
1056.7亿千瓦·时,同比下降6.4%

华北
974.5亿千瓦·时,同比增长15.7%

华中
313.0亿千瓦·时,同比增长17.4%

西南
1188.6亿千瓦·时,同比增长18.4%

南方
14.5亿千瓦·时,同比增长549.0%

华东区域

华中
21.2万千瓦·时,同比下降88.3%

西南
155.0万千瓦·时,同比增长244.5%

南方
24.0亿千瓦·时,同比增长447.0%

图 4-25　2023 年华东区域跨区电量交换情况

迎峰度夏期间（7-9 月）,华东区域输入电量同比增长 16.7%。其中,通过灵绍直流和吉泉直流受西北电量 330 亿千瓦·时,同比下降 1.2%;受西南和华中电量分别为 507 亿千瓦·时和 141 亿千瓦·时,同比增速分别为 31.9% 和 59.0%。

华中区域 2023 年华中区域跨区电量交换情况如图 4-26 所示,华中区域受入电量 1548 亿千瓦·时,同比增长 8.4%,外受电量占本区域用电量 9.5%。送出电量 729 亿千瓦·时,同比增长 11.0%。

南方
69.8亿千瓦·时,同比下降38.8%

西北
1233.6亿千瓦·时,同比增长20.9%

华东
3.4万千瓦·时,同比下降98.7%

西南
190.1亿千瓦·时,同比下降26.3%

华北
54.9亿千瓦·时,同比增长48.2%

华中区域

华北
3021.9万千瓦·时,同比下降95.4%

华东
329.4亿千瓦·时,同比增长17.6%

西北
65.8万千瓦·时,同比下降99.8%

西南
145.4亿千瓦·时,同比增长21.3%

南方
254.0亿千瓦·时,同比增长2.7%

图 4-26　2023 年华中区域跨区电量交换情况

迎峰度夏期间（7-9 月）,华中区域受入电量同比增长 6.0%,其中,受西北电量 387 亿千瓦·时,同比增长 19.0%。华中送华东 150 亿千瓦·时,同比增长 60.3%;送南方 85 亿千瓦·时,同比增长 16.3%。

西北区域 2023 年,西北区域跨区电量交换情况如图 4-27 所示,西北区域跨区域送出电量 3287 亿千瓦·时,同比增长 3.0%。送出电量中,通过灵绍直流和吉泉直流送华东 1107 亿千瓦·时,同比下降 6.4%。通过中天直流、祁韶直流和青豫直流等跨区线路送华中 1291

亿千瓦·时，同比增长 20.9%。通过银东直流、榆横至潍坊、府谷电厂和锦界电厂点对网等线路送华北 738 亿千瓦·时，比上年下降 10.2%。

图 4-27 2023 年西北区域跨区电量交换情况

2023 年，西北区域受入电量 112 亿千瓦·时，同比增长 21.5%，其中，受华北、西南电量分别为 69 和 44 亿千瓦·时，同比分别增长 42.2%和 5.3%。

西南区域 2023 年西南区域跨区电量交换情况如图 4-28 所示，西南区域送出电量 1740 亿千瓦·时，同比增长 6.5%，外送电量占本区域发电量 22.1%。受入电量 813 亿千瓦·时，同比增长 20.8%。

图 4-28 2023 年西南区域跨区电量交换情况

送出电量□，通过复奉直流、锦苏直流和宾金直流送华东 1256 亿千瓦·时，同比增长 17.4%；通过德宝直流、柴拉直流送西北 46 亿千瓦·时，同比增长 4.6%；送华中 195 亿千瓦·时，同比下降 26.7%。

受入电量□，枯水期 1-4 月份通过德宝直流和西藏-青海等跨区线路受入西北电量 75 亿千瓦·时，同比增长 18.8%。

南方区域 2023 年南方区域跨区电量交换情况如图 4-29 所示，南方区域送出电量 818 亿千瓦·时，比上年增长 14.1%。受入电量 495 亿千瓦·时，比上年增长 0.5%。

送出电量中，送华中 65 亿千瓦·时，比上年下降 18.9%；送西南 530 亿千瓦·时，比上年增长 18.7%。

受入电量中，通过江城直流、鲤鱼江电厂和桥口电厂从华中受入 222 亿千瓦·时，比上年增长 1.9%。

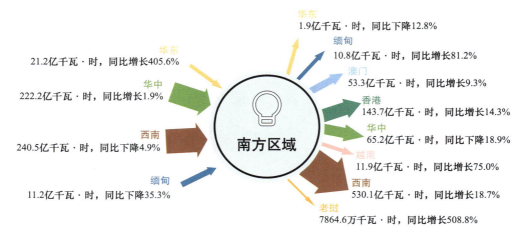

图 4-29 2023 年南方区域跨区电量交换情况

全国各区域间能量交换情况如图 4-30 所示。

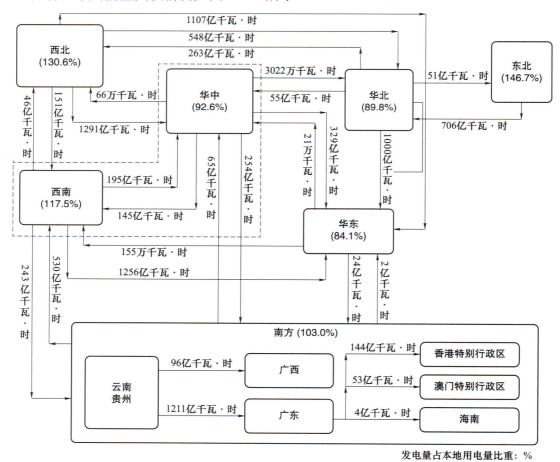

图 4-30 全国大区电能量交换示意图

（二）跨省受入与送出电量

送出电量情况　2023 年，全国跨省输出电量 18578 亿千瓦·时，比上年增长 7.6%，增速比上年提高 3.2 个百分点。输出电量超 1000 亿千瓦·时的省份有内蒙古、四川、云南、山西、陕西和新疆，6 省份总输出电量占跨省输出电量的 58.7%。其中，内蒙古送出电量 3065 亿千瓦·时，占全国跨省输出电量的 16.2%。2023 年省间输出电量超过 200 亿千瓦·时的省份输电量见表 4-1。

表 4-1　2023 年省间输出电量超过 200 亿千瓦·时的省份输电量

输出省份	输入省份	输出电量（亿千瓦·时）	比上年增长（%）
内蒙古	山东	789	26.4
河北	华北	784	9.8
云南	广东	753	−4.0
内蒙古	河北	725	4.2
新疆	安徽	620	−1.9
四川	江苏	533	4.4
陕西	河北	516	5.1
安徽	江苏	501	72.5
内蒙古	辽宁	497	6.1
宁夏	浙江	487	−11.6
新疆	河南	473	7.3
山西	江苏	467	25.9
四川	浙江	466	66.3
贵州	广东	458	10.2
安徽	浙江	411	−31.6
内蒙古	江苏	365	12.6
甘肃	湖南	336	18.2
江苏	上海	273	27.1
辽宁	华北	268	28.8
甘肃	陕西	259	−4.9
四川	上海	257	−7.8
甘肃	青海	254	49.5
陕西	湖北	242	73.8

续表

输出省份	输入省份	输出电量（亿千瓦·时）	比上年增长（%）
山西	华北	242	16.1
四川	云南	241	−4.9
山西	北京	230	−2.4
内蒙古	华北	218	36.7
湖北	上海	216	−2.4
四川	重庆	214	−26.1
吉林	内蒙古	211	26.3

从输出电量占本地区规上发电量比重看，云南、甘肃、陕西、内蒙古、四川和宁夏输出电量占本省规上发电量比重超 40%，分别达到 46.6%、46.4%、44.4%、41.1%、41.0% 和 40.4%。山西和吉林输出电量占本省规上发电量比重超 30%。

2023 年输出电量超过 100 亿千瓦·时的省份输出电量占本省规上发电量比重如图 4−31 所示。

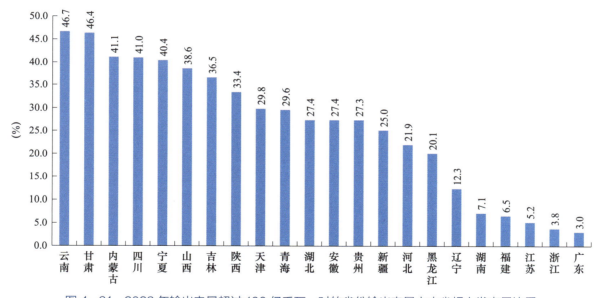

图 4−31　2023 年输出电量超过 100 亿千瓦·时的省份输出电量占本省规上发电量比重

净输出电量超过 100 亿千瓦·时的省份有 14 个，其中，内蒙古、山西、云南、四川和新疆净输出电量超过 1000 亿千瓦·时，分别为 2743、1576、1567、1271 亿千瓦·时和 1220 亿千瓦·时，同比增速分别为 20.3%、7.7%、1.4%、−7.5% 和 1.0%。2023 年净输出电量超过 100 亿千瓦·时省份的净输出电量如图 4−32 所示。

图 4-32　2023 年净输出电量超过 100 亿千瓦·时省份的净输出电量

云南、宁夏、内蒙古、山西和陕西净输出电量占本地区规上发电量的比重超过 30%，分别为 40.1%、36.9%、36.8%、36.0% 和 33.0%，2023 年净输出电量超过 100 亿千瓦·时省份的净输出电量占本省规上发电量比重见图 4-33。

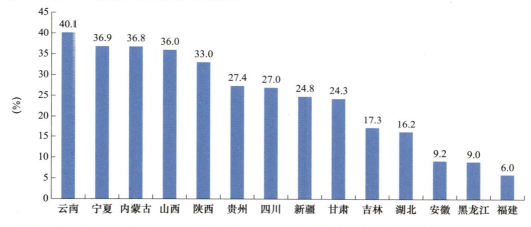

图 4-33　2023 年净输出电量超过 100 亿千瓦·时省份的净输出电量占本省规上发电量比重

受入电量情况　2023 年，全国各省间累计受入电量 17829 亿千瓦·时，同比增长 6.6%。共 16 个省份受入电量增速高于全国平均水平，其中福建和西藏增速超过 50%，西藏、山西、青海、新疆和吉林增速超过 30%。

2023 年，河北、江苏、广东、浙江和山东受入电量超过 1000 亿千瓦·时。河北受入电量最多，全年受入电量 1908 亿千瓦·时，占本省全社会用电量的 40.1%，受入电量同比增长 9.7%。

从输入电量占本地区用电量比重看，北京、上海、天津和河北受入电量分别占本省全社会用电量的 65.3%、47.4%、47.0% 和 40.1%，是受入电量占比较高的省份。重庆、浙江、青海、湖南、甘肃、辽宁、江苏、吉林和广东受入电量占比超过 20%。

净输入电量超过 100 亿千瓦·时的省份有 14 个，其中，浙江净输入电量 1615 亿千瓦·时，同比增长 11.1%。2023 年净输入电量超过 100 亿千瓦·时省份的净输入电量见图 4-34。

图 4-34　2023 年净输入电量超过 100 亿千瓦·时省份的净输入电量

北京净输入电量占本区域全社会用电量的比重达到 65.3%，上海占比达到 45.1%，浙江、天津、重庆、河北和湖南占比超过 20%。2023 年净输入电量超过 100 亿千瓦·时省份的净输入电量占本省全社会用电量比重如图 4-35 所示。

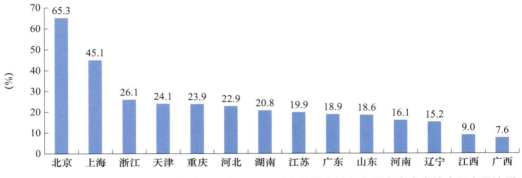

图 4-35　2023 年净输入电量超过 100 亿千瓦·时省份的净输入电量占本省全社会用电量比重

（三）与相邻国家或地区的电量交换情况

2023 年，中国与俄罗斯、蒙古国、缅甸、越南、老挝等国家以及中国香港、中国澳门地区均有电量交换，合计 277 亿千瓦·时，同比增长 4.1%。其中，购入电量 42 亿千瓦·时，同比下降 35.2%；送出电量 235 亿千瓦·时，同比增长 16.7%。

2023 年与相邻国家和地区之间交换电量情况如图 4-36 所示。

五、电量平衡

2023 年，全国电量供需总体平衡。从图 4-37 中可以看出，华北、东北和西北区域最大用电量出现在 12 月，华东、华中、西南和南方区域最大用电量出现在 7 月或 8 月，华北和华中在夏季和冬季"双峰"特征尤为明显。

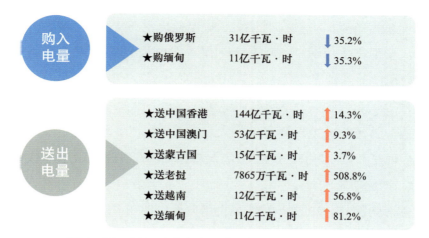

图 4-36　2023 年与相邻国家和地区之间交换电量情况

图 4-37　2023 年各月全国各区域用电量变化趋势图

华北区域供需总体平衡。2023 年月度最大用电量出现在 12 月，为 2106 亿千瓦·时，比上年最大用电量（出现在 12 月）增长 10.0%。最大发电量也出现在 12 月，在各区域发电量中居首位。2023 年度冬期间，华北区域出现大范围寒潮天气，通过采取省间现货购电、跨省区互济等措施，平稳度过冬季高峰。

东北区域供需总体平衡。2023 年月度最大用电量出现在 12 月，为 578 亿千瓦·时，比上年最大用电量（出现在 12 月）增长 10.0%。最大发电量也出现在 12 月。2023 年东北地区送出电量 706 亿千瓦·时，同比增长 32.0%。

华东区域供需紧平衡。2023 年月度最大用电量出现在 8 月，为 2278 亿千瓦·时，比上年最大用电量〔出现在 7 月〕增长 0.2%。最大发电量出现在 7 月。受冬季寒潮，负荷增长较快，2023 年华东地区输入电量 3547 亿千瓦·时，同比增长 9.3%。

华中区域供需总体平衡。2023 年月度最大用电量出现在 7 月，为 1159 亿千瓦·时，比上年最大用电量（出现在 8 月）下降 2.2%。最大发电量出现在 7 月。2023 年，净输入电量 819 亿千瓦·时，考虑区外输入电量及省内机组可发电量，电量供需基本平衡。

西北区域供需总体平衡。2023 年月度最大用电量出现在 12 月，为 991 亿千瓦·时，比上年最大用电量（出现在 12 月）增长 11.5%。最大发电量出现在 12 月。具体来看，在夏季汛期，在满足网内用电的基础上，具备一定的外送能力；在冬季枯水期，通过采取省间现货、各省错峰互济支援等一系列保供应措施总体平衡。

西南区域供需总体平衡。2023 年月度最大用电量出现在 8 月，为 530 亿千瓦·时，比上年最大用电量（出现在 8 月）下降 2.8%。最大发电量出现在 8 月。2023 年西南区域送出电量 1740 亿千瓦·时，同比增长 6.5%。

南方区域供需形势偏紧。2023 年月度最大用电量出现在 7 月，为 1560 亿千瓦·时，比上年最大用电量（出现在 7 月）增长 9.3%。最大发电量出现在 8 月。2023 年上半年遭遇 1961 年以来最严重气象干旱，并受年初水电蓄能不足及天然气价格居高不下等影响，电力供应处于紧平衡。

如果不考虑各区域间的电量交换，各区域发电量和用电量平衡后的结果见表 4-2，从表中可以看出，华东和华中区域是典型的受电电网，西北、西南、东北和南方区域电量平衡并有送出电量，其中西北是外送电量最大的区域。

表 4-2 　　　　　　　　2023 年全国各区域电量平衡表❶　　　　　　单位：亿千瓦·时

区域	1 月	2 月	3 月	4 月	5 月	6 月	7 月	8 月	9 月	10 月	11 月	12 月
华北	8	−6	13	2	−27	−5	−17	−17	−18	−39	−25	−7
东北	48	51	55	48	59	49	64	59	38	44	64	52
华东	−248	−242	−256	−198	−197	−253	−385	−454	−418	−301	−255	−310
华中	−85	−70	−58	−52	−27	−49	−79	−96	−56	−76	−86	−88
西北	237	224	238	213	206	275	339	342	243	200	255	316
西南	39	50	34	15	17	19	38	52	49	37	33	39
南方	31	42	28	15	12	18	102	194	228	178	47	32

第二节　电　力　平　衡

一、统调发电电力

2023 年，7、8、12 月全国统调最高发电电力❷均超过 13 亿千瓦。其中，7、8 月统调最

---

❶ 区域电量不计入送入送出，是本地需求与本地供应的平衡结果，不反映区域间电量交换的情况。

❷ 本节资料来源于国家电力调度控制中心电力生产日报数据，以及对电力企业调研所收集的相关信息和数据。

高发电电力同比分别增长 6.5% 和 3.8%。12 月共有 3 次冷空气过程影响我国，发用电负荷大幅攀升，当月统调最高发电电力达到 13.45 亿千瓦，超过夏季规模，为全年最高发电电力，比 2022 年 12 月增长 16.1%，比 2022 年全年统调最高发电电力增长 4.4%。2023 年全国电网分月统调最高发电电力及其增速如图 4-38 所示。

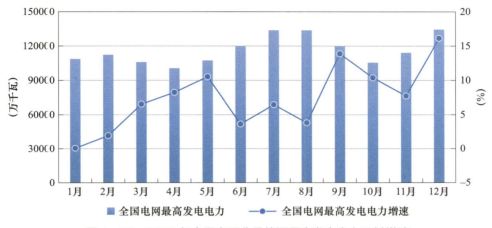

图 4-38　2023 年全国电网分月统调最高发电电力及其增速

2023 年，国家电网公司经营区统调最高发电电力为 10.82 亿千瓦（出现在 12 月），比 2022 年增长 1.6%。南方电网公司经营区统调最高发电电力为 2.31 亿千瓦（出现在 7 月），比 2022 年增长 5.5%。为蒙古电力公司经营区（蒙西电网）统调最高发电电力为 5078 万千瓦（出现在 12 月），比 2022 年增长 12.8%。

华北电网　2023 年统调最高发电电力为 3.18 亿千瓦（出现在 12 月），在各区域电网中居首位，比 2022 年增长 9.4%。各省级电网中，山东统调最高发电电力为 8712 万千瓦（出现在 8 月），比 2022 年下降 1.9%。山西 6282 万千瓦（出现在 12 月），比 2022 年增长 8.8%。冀南 5463 万千瓦（出现在 7 月），比 2022 年增长 12.5%。冀北 5130 万千瓦（出现在 12 月），比 2022 年增长 7.9%。蒙西 5078 万千瓦（出现在 12 月），比 2022 年增长 12.8%。天津 1584 万千瓦（出现在 8 月），比 2022 年下降 0.5%。北京 1062 万千瓦（出现在 12 月），比 2022 年下降 1.2%。

外送电力方面，蒙西电网除 6 月和 10 月外的其他月份最大输出电力（不包括点对网外送电力）均达到通道最大外送能力 420 万千瓦。山西各月最大输出电力均超过 1900 万千瓦，其中 12 月最大输出电力达到 2844 万千瓦。1、7、8、12 月，锡泰直流（内蒙古锡盟—山东泰州）最大输出电力达到 600 万千瓦；雁淮直流（山西雁门关—江苏淮安）大部分月份最大输出电力达到 720 万千瓦。

电力生产要素方面，度夏、度冬大负荷期间华北电网区域电煤供应平稳，电煤库存维持在高位运行，煤电机组非停、受阻率降至较低水平，发电能力得到有效保障。北京燃气供应相对充足，天津燃气部分时段供应紧张，通过灵活启停等方式优化开机，保障燃机顶峰发电能力。山西在 12 月中下旬受强寒潮天气影响，大规模风电、光伏因覆冰覆雪长时间无法发电，持续阴雨天气进一步降低光伏发电能力，影响了新能源的有效出力。寒潮期间，山西早峰时段新能源最低出力 21.9 万千瓦，较寒潮前（12 月 1－10 日）下降 55.1%；平均同时率 22.6%，较寒潮前下降 27.4 个百分点；晚峰时段，新能源最低出力 22.8 万千瓦，较寒潮前下降 42.4 个百分点；平均同时率为 26.3%，较寒潮前（12 月 1－10 日）下降 19.1 个百分点。

2023 年华北电网分月统调最高发电电力及其增速如图 4－39 所示，2023 年华北电网内各省级电网统调最高发电电力及其增速如图 4－40 所示。

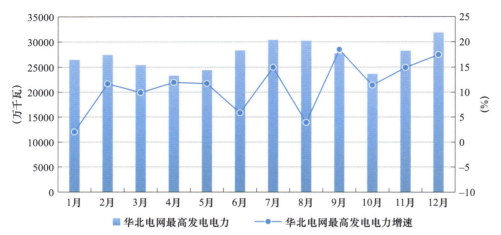

图 4－39　2023 年华北电网分月统调最高发电电力及其增速

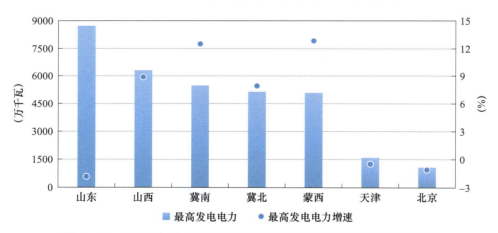

图 4－40　2023 年华北电网内各省级电网统调最高发电电力及其增速

东北电网　2023 年统调最高发电电力为 9138 万千瓦（出现在 12 月），比 2022 年增长 10.8%。各省级电网中，辽宁电网统调最高发电电力为 3633 万千瓦（出现在 12 月），比 2022 年增长 12.4%。蒙东为 2355 万千瓦（出现在 12 月），比 2022 年增长 8.7%。黑龙江为 2045 万千瓦（出现在 12 月），比 2022 年下降 0.2%。吉林为 1755 万千瓦（出现在 11 月），比 2022

年增长 6.4%。

外送电力方面，东北电网各月通过高岭直流背靠背工程外送华北 300 万千瓦。鲁固直流（内蒙古通辽一山东潍坊）6—9 月以及 12 月最大输出电力均达到 700 万千瓦。电力生产要素方面，东北电网区域电煤库存达到近年来较好水平，满足各级政府主管部门对电煤库存工作要求，发电能力得到有效保障。

2023 年东北电网分月统调最高发电电力及其增速如图 4-41 所示，2023 年东北电网内各省级电网统调最高发电电力及其增速如图 4-42 所示。

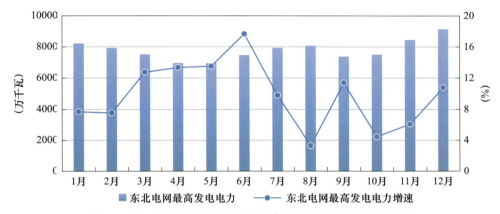

图 4-41 2023 年东北电网分月统调最高发电电力及其增速

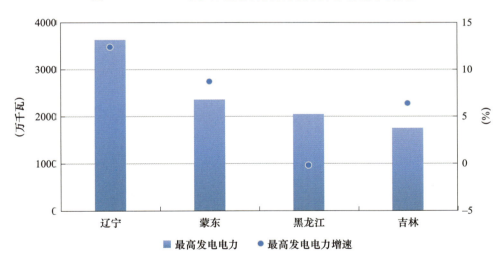

图 4-42 2023 年东北电网内各省级电网统调最高发电电力及其增速

华东电网 2023 年全年统调最高发电电力为 3.10 亿千瓦（出现在 7 月），比 2022 年下降 0.6%。各省级电网中，江苏统调最高发电电力为 1.09 亿千瓦（出现在 12 月），比 2022 年增长 1.2%。浙江为 8320 万千瓦（出现在 7 月），比 2022 年增长 3.6%。安徽为 6077 万千瓦（出现在 7 月），与 2022 年基本持平。福建为 5296 万千瓦（出现在 7 月），比 2022 年增长 1.4%。上海为 2235 万千瓦（出现在 12 月），比 2022 年增长 5.1%。

外送电力方面，安徽、福建是华东电网内电力外送较多的省级电网，安徽各月最大净输出电力均超过 600 万千瓦，其中 7、8、12 月超过 1400 万千瓦；福建各月最大输出电力均超过 200 万千瓦，其中 3－7 月、11－12 月最大输出电力均超过 400 万千瓦，12 月达到 550 万千瓦。电力生产要素方面，华东电网区域煤炭库存总体维持正常水平，煤电机组非停率降至较低水平；度冬期间部分省份天然气供应偏紧，浙江年初冬季寒潮期间发电用天然气供应量仅为夏季的三分之一。

2023 年华东电网分月统调最高发电电力及其增速如图 4－43 所示，2023 年华东电网内各省级电网最高发电电力及其增速如图 4－44 所示。

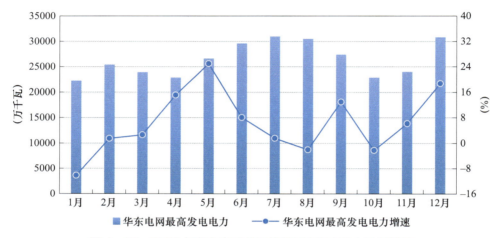

图 4－43　2023 年华东电网分月统调最高发电电力及其增速

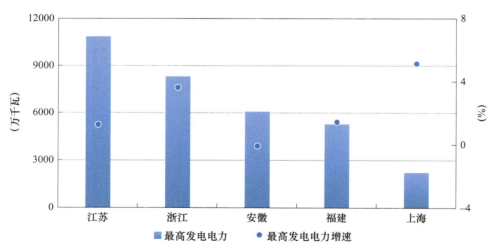

图 4－44　2023 年华东电网内各省级电网统调最高发电电力及其增速

华中电网❶　2023 年华中电网全年统调最高发电电力为 1.83 亿千瓦（出现在 7 月），比 2022 年增长 3.2%。各省级电网中，河南电网统调最高发电电力为 6707 万千瓦（出现在 8 月），

---

❶　本小节中的华中电网包括湖北电网、湖南电网、河南电网、江西电网，不包括四川电网和重庆电网。

比 2022 年下降 0.6%。湖北为 5922 万千瓦（出现在 8 月），比 2022 年下降 4.5%。湖南为 3420 万千瓦（出现在 7 月），比 2022 年增长 8.1%。江西为 3108 万千瓦（出现在 7 月），比 2022 年增长 2.9%。

外送电力方面，2023 年 5—10 月、12 月华中最大输出电力均超过 1000 万千瓦，其中 7 月达到 1729 万千瓦；龙政直流（湖北荆门—江苏常州）、林枫直流（湖北荆门—上海金山）、宜华直流（湖北宜昌—上海青浦）、江城直流（湖北荆门—广东惠州）2023 年最大输出电力均达到 300 万千瓦。电力生产要素方面，华中电网区域煤炭库存总体维持正常水平，煤电机组非停率降至较低水平。湖北 2023 年降水量好于常年，明显好于 2022 年，水电生产情况相对较好；湖南 2023 年降水量少于常年，也少于 2022 年，水电发电量同比下降较多。江西 2023 年全网统调水库来水偏枯，总体比常年偏少 26.2%，也少于 2022 年，水电发电量同比小幅下降。

2023 年华中电网分月统调最高发电电力及其增速如图 4-45 所示，2023 年华中电网内各省级电网统调最高发电电力及其增速如图 4-46 所示。

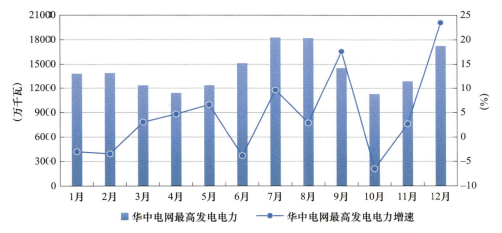

图 4-45　2023 年华中电网分月统调最高发电电力及其增速

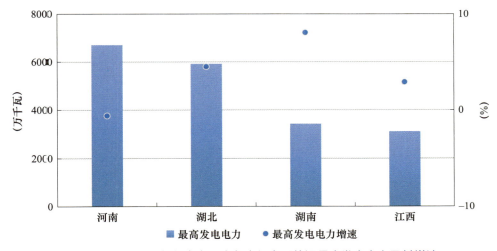

图 4-46　2023 年华中电网内各省级电网统调最高发电电力及其增速

西北电网　2023 年西北电网全年统调最高发电电力为 1.85 亿千瓦（出现在 12 月），比 2022 年增长 8.5%。各省级电网中，新疆电网统调最高发电电力为 6476 万千瓦（出现在 12 月），比 2022 年增长 6.4%。陕西为 4347 万千瓦（出现在 12 月），比 2022 年增长 9.8%。宁夏为 3975 万千瓦（出现在 11 月），比 2022 年增长 12.8%。甘肃为 3406 万千瓦（出现在 8 月），比 2022 年增长 5.7%。青海为 2222 万千瓦（出现在 11 月），比 2022 年增长 13.3%。

外送电力方面，西北电网是我国主要电力送端，主要外送通道有陕武直流（陕西榆林—湖北武汉）、祁韶直流（甘肃祁连—湖南韶山）、青豫直流（青海海南州—河南豫南）、银东直流（宁夏银川—山东青岛）、灵绍直流（宁夏灵武—浙江绍兴）、昭沂直流（宁夏石嘴山—山东临沂）、天中直流（新疆哈密—河南郑州）、吉泉直流（新疆昌吉—安徽宣城）等，这些通道 2023 年最大输出电力分别达到 606 万、604 万、606 万、408 万、805 万、757 万、614 万、1110 万千瓦。2023 年，西北各月最大净输出电力超过 3600 万千瓦，7-8 月、11-12 月最大净输出电力均超过 5000 万千瓦，其中 8 月达到 5376 万千瓦。

电力生产要素方面，西北电网区域电煤供应充足，未出现电煤供应紧张影响电力生产供应情况。2023 年年底西北电网新能源装机占比首次过半，达到 51%，新能源间歇性、波动性对电网运行带来较大影响，2023 年西北电网新能源 15 分钟电力最大变幅达到 816 万千瓦，日内电力最大波动达到 6800 万千瓦。黄河上游来水 220 亿米³，较常年偏丰一成，同比偏丰三成；陕西汉江流域冬季来水偏少，春夏秋三季来水偏多，其中安康断面全年来水较常年偏多 2 成，比 2022 年偏多 5 成。新疆降水仅春季略偏多，其他季节均偏少，新疆主要河流来水同比偏少 10%。

2023 年西北电网分月统调最高发电电力及其增速如图 4-47 所示，2023 年西北电网内各省级电网统调最高发电电力及其增速如图 4-48 所示。

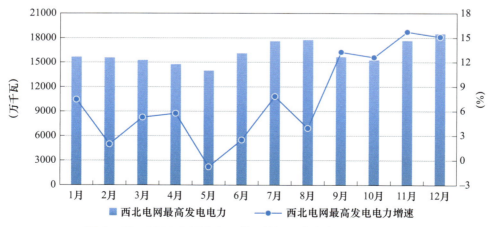

图 4-47　2023 年西北电网分月统调最高发电电力及其增速

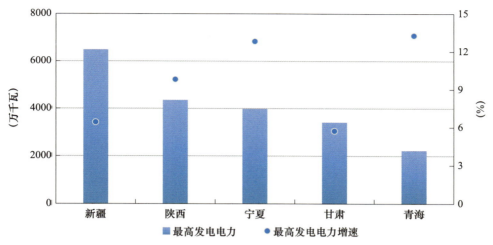

图4-48 2023年西北电网内各省级电网统调最高发电电力及其增速

西南电网 2023年西南电网全年统调最高发电电力为1.16亿千瓦（出现在8月），比2022年增长6.1%。各省级电网中，四川电网统调最高发电电力为9384万千瓦（出现在8月），比2022年增长5.3%。重庆为2065万千瓦（出现在7月），比2022年增长11.6%。西藏为267万千瓦（出现在10月），比2022年增长14.4%。

外送电力方面，四川是我国电力外送大省，四川电网通过"七直九交"与华中、华东、西北、重庆、西藏等电网相联，省内建成雅安、茂县、康定等多个500千伏电力汇集送出通道，外送能力达5345万千瓦。2023年四川净外送电量1271亿千瓦·时。电力生产要素方面，四川是我国水电装机规模最大的省份，发电生产情况受降水影响大。2023年四川降水量略少于2022年，比常年降水量减少12%；受降水量减少影响，该省2023年水电发电量略有减少，净外送电量有所减少。

2023年西南电网分月统调最高发电电力及其增速如图4-49所示，2023年西南电网内各省级电网统调最高发电电力及其增速如图4-50所示。

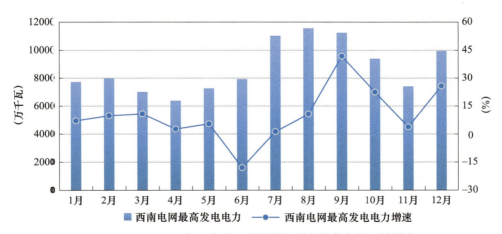

图4-49 2023年西南电网分月统调最高发电电力及其增速

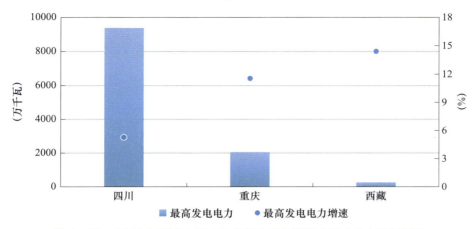

图 4-50　2023 年西南电网内各省级电网统调最高发电电力及其增速

南方电网　2023 年南方电网全年统调最高发电电力为 2.31 亿千瓦（出现在 7 月），比 2022 年增长 5.5%。各省级电网中，广东电网统调最高发电电力为 1.10 亿千瓦（出现在 7 月），比 2022 年增长 4.4%。云南为 6998 万千瓦（出现在 9 月），比 2022 年增长 3.9%。贵州为 3096 万千瓦（出现在 12 月），比 2022 年增长 6.1%。广西为 2959 万千瓦（出现在 12 月），比 2022 年增长 18.7%。海南为 734 万千瓦（出现在 7 月），比 2022 年增长 19.2%。

外送电力方面，云南 2023 年各月最大输出电力均超过 1000 万千瓦，其中 6-10 月各月最大输出电力均超过 3000 万千瓦，9 月达到 3821 万千瓦。贵州 2023 年各月最大输出电力均超过 400 万千瓦，其中 5-8 月及 12 月最大输出电力均超过 800 万千瓦，5 月达到 877 万千瓦。

电力生产要素方面，广东天然气等发电燃料局部时段偏紧，但全网总体上燃料保障平稳有序；广西受天然气价格居高不下影响，燃气机组顶峰能力不到 60%。广西、云南、贵州均是水电大省，2023 年这三个省份降水量均比 2022 年有所减少，水电发电量均同比下降，其中广西和贵州水电发电量同比下降超过 30%。

2023 年南方电网分月统调最高发电电力及其增速如图 4-51 所示，2023 年南方电网内各省级电网统调最高发电电力及其增速如图 4-52 所示。

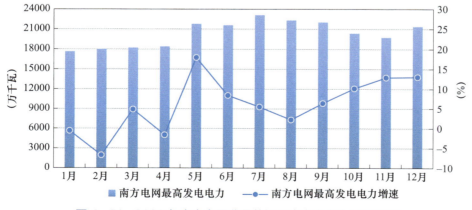

图 4-51　2023 年南方电网分月统调最高发电电力及其增速

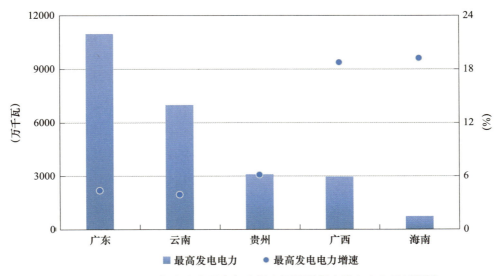

图 4-52　2023 年南方电网内各省级电网统调最高发电电力及其增速

二、统调用电负荷

2023 年，7、8、12 月全国电网统调最高用电负荷均超过 13 亿千瓦。其中，7、8 月最高用电负荷同比分别增长 6.4% 和 3.8%；12 月，我国出现了较长时间的大范围强寒潮、强雨雪天气，拉动全国统调最高用电负荷攀升至 13.45 亿千瓦，略高于夏季最高用电负荷，同比增加 1.86 亿千瓦、增长 16.1%，比 2022 年全年最高用电负荷增长 4.3%。2023 年全国电网分月统调最高用电负荷及其增速如图 4-53 所示。

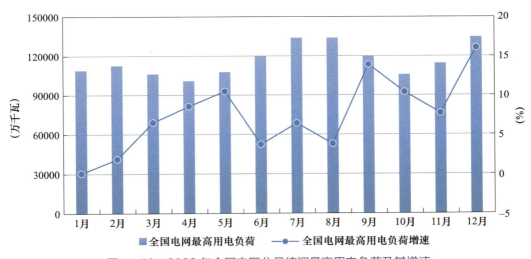

图 4-53　2023 年全国电网分月统调最高用电负荷及其增速

2023 年，国家电网公司经营区统调最高用电负荷为 10.86 亿千瓦（出现在 12 月），比 2022 年增长 1.5%。南方电网公司经营区统调最高用电负荷为 2.34 亿千瓦（出现在 7 月），比 2022

年增长 5.1%。内蒙古电力公司经营区（蒙西电网）统调最高用电负荷为 4665 万千瓦（出现在 12 月），比 2022 年增长 14.4%。

华北电网　2023 年华北电网全年统调最高用电负荷为 3.18 亿千瓦（出现在 12 月），比 2022 年增长 7.0%。各省级电网中，山东统调最高用电负荷为 1.10 亿千瓦（出现在 8 月），比 2022 年增长 1.3%。冀南 5160 万千瓦（出现在 7 月），比 2022 年增长 10.1%。蒙西 4665 万千瓦（出现在 12 月），比 2022 年增长 14.4%。山西 4400 万千瓦（出现在 12 月），比 2022 年增长 8.7%。冀北 3427 万千瓦（出现在 12 月），比 2022 年增长 16.0%。北京 2678 万千瓦（出现在 12 月），比 2022 年增长 4.4%。天津 1811 万千瓦（出现在 7 月），比 2022 年增长 2.3%。

受入电力方面，2023 年，北京各月最大净输入电力均超过 600 万千瓦，其中，6、7、12 月最大净输入电力均超过 1200 万千瓦，12 月达到 1297 万千瓦。山东绝大部分月份的最大净输入电力均超过 2000 万千瓦。

尖峰负荷持续时间方面，2023 年，北京超过 95%、98%本地统调最高用电负荷的时长分别为 31 小时、9 小时。天津超过 95%、98%本地统调最高用电负荷的时长分别为 29 小时、4 小时。冀北超过 95%、98%本地统调最高用电负荷的时长分别为 12 小时、2 小时。冀南超过 95%、98%本地统调最高用电负荷的时长分别为 36.5 小时、6.5 小时。山西超过 95%、98%本地统调最高用电负荷的时长分别为 21 小时、6 小时。蒙西超过 95%、98%本地统调最高用电负荷的时长分别为 150 小时和 12 小时。山东超过 95%、98%本地统调最高用电负荷的时长分别为 24 小时和 8 小时。

日负荷率方面，2023 年，北京年最大日负荷率为 91.6%，月平均日负荷率为 78.6%，年最小日负荷率为 65.4%。天津年最大日负荷率为 91.7%，月平均日负荷率为 87.5%，年最小日负荷率为 80.9%。冀北年最大日负荷率为 97%，月平均日负荷率为 92%，年最小日负荷率为 86%。冀南年最大日负荷率为 91.2%，月平均日负荷率为 84.7%，年最小日负荷率为 81.1%。山西年最大日负荷率为 92.9%，月平均日负荷率为 87.7%，年最小日负荷率为 82.9%。蒙西年最大日负荷率为 97.8%，月平均日负荷率为 95.7%，年最小日负荷率为 93.8%。山东年最大日负荷率为 90.3%，月平均日负荷率为 86.1%，年最小日负荷率为 81.5%。

峰谷差方面，北京年最大峰谷差率达到 50.2%，月平均峰谷差率为 37.8%；迎峰度夏期间北京降温负荷占最大用电负荷比重达到 46.1%，迎峰度冬期间取暖负荷占最大用电负荷比重达到 46.3%。天津年最大峰谷差率为 41.5%，月平均峰谷差率为 29.6%；迎峰度夏期间天津降温负荷占最大用电负荷比重为 37.9%，迎峰度冬期间取暖负荷占最大用电负荷比重为 33.9%。冀北年最大峰谷差为 819 万千瓦，月平均峰谷差率为 19%。冀南年最大峰谷差率达到 51.0%，月平均峰谷差率为 31.6%；迎峰度夏期间冀南降温负荷占最大用电负荷比重为

38.5%，迎峰度冬期间取暖负荷占最大用电负荷比重为 31.9%。山西年最大峰谷差率为 27.1%，月平均峰谷差率为 21.1%；迎峰度冬期间山西取暖负荷占最大用电负荷比重为 25.1%。蒙西年最大峰谷差率为 11.6%，月平均峰谷差率为 8.2%，蒙西大工业比重高且空调负荷比重小，峰谷差率较小。2023 年华北电网分月统调最高用电负荷及其增速如图 4-54 所示，2023 年华北电网内各省级电网统调最高用电负荷及其增速如图 4-55 所示。

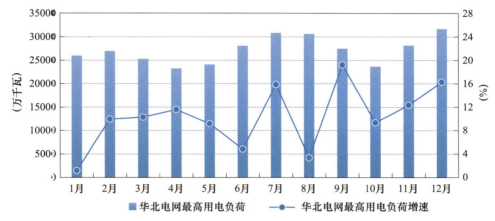

图 4-54　2023 年华北电网分月统调最高用电负荷及其增速

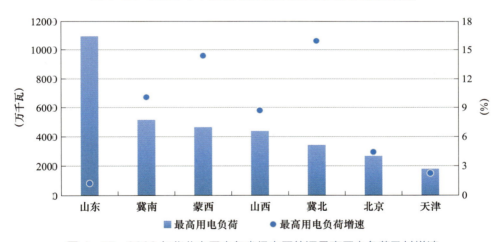

图 4-55　2023 年华北电网内各省级电网统调最高用电负荷及其增速

东北电网　2023 年东北电网全年统调最高用电负荷为 8232 万千瓦（出现在 12 月），比 2022 年增长 10.3%。各省级电网中，辽宁统调最高用电负荷为 3953 万千瓦（出现在 12 月），比 2022 年增长 12.4%。黑龙江为 1820 万千瓦（出现在 12 月），比 2022 年增长 6.3%。吉林为 1504 万千瓦（出现在 12 月），比 2022 年增长 11.6%。蒙东为 1068 万千瓦（出现在 8 月），比 2022 年增长 10.8%。

受入电力方面，2023 年辽宁各月最大输入电力均超过 1000 万千瓦，其中，7 月和 12 月最大输入电力分别达到 1212 万千瓦、1242 万千瓦。日负荷率方面，2023 年辽宁年最大日负荷率为 95%，月平均日负荷率为 92%，年最小日负荷率为 89%。峰谷差方面，2023 年辽宁年最大峰谷差率为 26.5%，月平均峰谷差率为 15.9%；迎峰度夏期间辽宁降温负荷占最大用电负荷比重为 20.3%，迎峰度冬期间取暖负荷占最大用电负荷比重为 24%。

2023 年东北电网分月统调最高用电负荷及其增速如图 4-56 所示，2023 年东北电网内各省级电网统调最高用电负荷及其增速如图 4-57 所示。

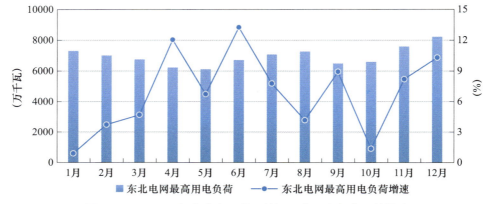

图 4-56 2023 年东北电网分月统调最高用电负荷及其增速

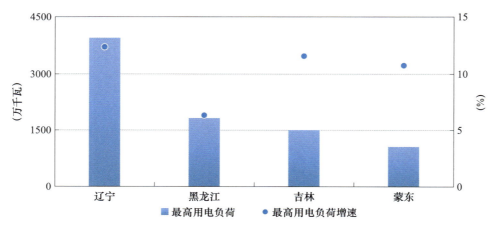

图 4-57 2023 年东北电网内各省级电网统调最高用电负荷及其增速

华东电网 2023 年华东电网全年统调最高用电负荷为 3.74 亿千瓦（出现在 7 月），在各区域电网中居首位，比 2022 年增长 2.6%。各省级电网中，江苏统调最高用电负荷为 1.32 亿千瓦（出现在 8 月），比 2022 年增长 0.8%。浙江为 1.10 亿千瓦（出现在 7 月），比 2022 年增长 8.2%。安徽为 5605 万千瓦（出现在 8 月），比 2022 年增长 1.8%。福建为 5124 万千瓦（出现在 8 月），比 2022 年增长 5.0%。上海为 3675 万千瓦（出现在 7 月），比 2022 年下降 3.5%。

受入电力方面，华东是我国主要电力受端地区。2023 年华东电网各月最大输入电力均超过 3000 万千瓦，7-9 月、12 月最大输入电力均超过 6000 万千瓦。省级电网中，江苏各月最大输入电力均超过 1800 万千瓦，其中，8、12 月最大输入电力分别达到 3360 万千瓦、

3336 万千瓦；浙江各月最大输入电力均超过 2500 万千瓦，7、8、12 月最大输入电力均超过 4000 万千瓦，其中 8 月达到 4362 万千瓦。

尖峰负荷持续时间方面，2023 年江苏超过 95%、98%本地统调最高用电负荷的时长分别为 42 小时、5 小时。浙江超过 98%本地统调最高用电负荷的时长为 8.8 小时。福建超过 95%、98%本地统调最高用电负荷的时长分别为 23 小时、3 小时。安徽超过 95%、98%本地统调最高用电负荷的时长分别为 18.5、2.4 小时。

日负荷率方面，江苏年最大日负荷率为 95.3%，月平均日负荷率为 90.5%，年最小日负荷率为 79.1%。浙江年最大日负荷率为 90.6%，月平均日负荷率为 87.9%，年最小日负荷率为 83.7%。福建年最大日负荷率为 93.2%，月平均日负荷率为 88.5%，年最小日负荷率为 79.2%。安徽年最大日负荷率为 94.2%，月平均日负荷率为 89.6%，年最小日负荷率为 71.3%。

峰谷差方面，2023 年华东电网年最大峰谷差率为 39.2%，月平均峰谷差率为 25.2%。省级电网中，2023 年，江苏年最大峰谷差率为 37%，月平均峰谷差率为 21.7%；迎峰度夏期间江苏降温负荷占最大用电负荷比重为 35%，迎峰度冬期间取暖负荷占最大用电负荷比重为 31%。浙江年最大峰谷差率为 40.2%，月平均峰谷差率为 29.6%。福建年最大峰谷差率为 45%，月平均峰谷差率为 26.3%；迎峰度夏期间福建降温负荷占最大用电负荷比重为 37.2%，迎峰度冬期间取暖负荷占最大用电负荷比重为 11.2%。安徽年最大峰谷差率为 47.0%，月平均峰谷差率为 21.3%。

2023 年华东电网分月统调最高用电负荷及其增速如图 4-58 所示，2023 年华东电网内各省级电网统调最高用电负荷及其增速如图 4-59 所示。

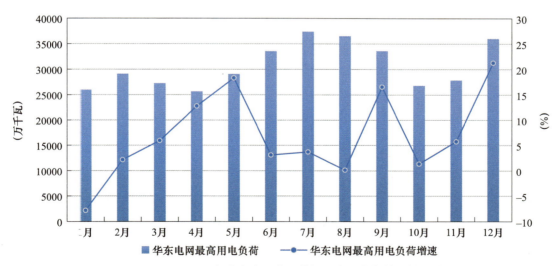

图 4-58　2023 年华东电网分月统调最高用电负荷及其增速

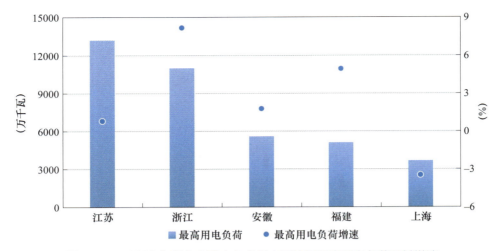

图 4-59　2023 年华东电网内各省级电网统调最高用电负荷及其增速

华中电网　2023 年华中电网全年统调最高用电负荷为 1.95 亿千瓦（出现在 8 月），比 2022 年增长 0.6%。各省级电网中，河南统调最高用电负荷为 7917 万千瓦（出现在 8 月），比 2022 年增长 1.6%。湖北为 5052 万千瓦（出现在 8 月），比 2022 年增长 3.9%。湖南为 4165 万千瓦（出现在 7 月），比 2022 年增长 3.0%。江西为 3334 万千瓦（出现在 7 月），比 2022 年增长 0.2%。

受入电力方面，华中电网 2023 年各月最大输入电力均超过 2500 万千瓦，各月最大净输入电力均超过 1800 万千瓦；其中 8 月最大输入电力达到 5012 万千瓦，最大净输入电力达到 3722 万千瓦。省级电网中，河南各月最大净输入电力均超过 900 万千瓦，其中 6 月达到 1300 万千瓦。江西 2023 年下半年各月最大净输入电力均超过 500 万千瓦，其中 8、10 月最大净输入电力均超过 660 万千瓦。通过雅湖直流（四川凉山－江西抚州）7-9 月最大净输入电力均超过 400 万千瓦，8 月达到 531 万千瓦。

尖峰负荷持续时间方面，2023 年河南超过 95%、98% 本地统调最高用电负荷的时长分别为 15 小时、6 小时。江西超过 95%、98% 本地统调最高用电负荷的时长分别为 6 小时、2.8 小时。

日负荷率方面，2023 年华中电网年最大日负荷率为 91.8%，月平均日负荷率为 87.3%，年最小日负荷率为 73.8%。省级电网中，河南月平均日负荷率为 89%，年最小日负荷率为 77%。江西年最大日负荷率为 91.6%，月平均日负荷率为 82.4%，年最小日负荷率为 63.6%。

峰谷差方面，华中电网 2023 年最大峰谷差率为 43.8%，月平均峰谷差率为 26.8%；迎峰度夏期间华中降温负荷占最大用电负荷比重为 44.9%；迎峰度冬期间取暖负荷占最大用电负荷比重为 37.7%。省级电网中，河南 2023 年最大峰谷差率为 40%，月平均峰谷差率为 23%；迎峰度夏期间河南降温负荷占最大用电负荷比重为 46%，迎峰度冬期间取暖负荷占最大用电负荷比重为 39%。江西 2023 年最大峰谷差率为 57.1%，月平均峰谷差率为 34.2%；迎峰度夏期间江西降温负荷占最大用电负荷比重为 34.9%，迎峰度冬期间取暖负荷占最大用电负荷比重为 28.7%。

2023 年华中电网分月统调最高用电负荷及其增速如图 4-60 所示，2023 年华中电网内各省级电网统调最高用电负荷及其增速如图 4-61 所示。

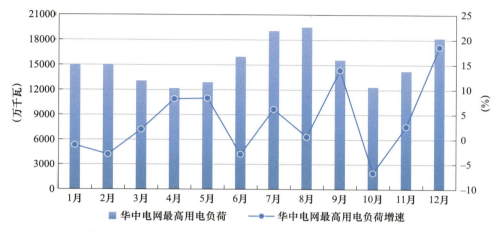

图 4-60　2023 年华中电网分月统调最高用电负荷及其增速

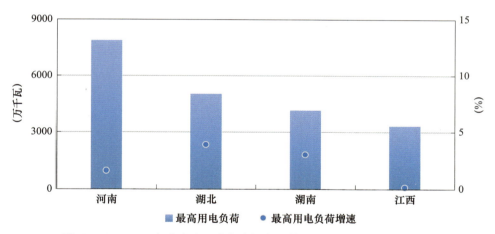

图 4-61　2023 年华中电网内各省级电网统调最高用电负荷及其增速

西北电网　2023 年西北电网全年统调最高用电负荷为 1.36 亿千瓦（出现在 12 月），比 2022 年增长 12.6%。各省级电网中，新疆电力公司统调最高用电负荷为 4755 万千瓦（出现在 12 月），比 2022 年增长 17.6%。陕西为 3892 万千瓦（出现在 12 月），比 2022 年下降 2.1%。甘肃为 2246 万千瓦（出现在 11 月），比 2022 年增长 9.9%。宁夏为 1750 万千瓦（出现在 12 月），比 2022 年增长 9.0%。青海为 1354 万千瓦（出现在 12 月），比 2022 年增长 12.3%。

尖峰负荷持续时间方面，西北电网用电负荷超过 90%、95%、98%本地统调最高用电负荷的时长分别为 473、128、15 小时。

日负荷率方面，2023 年西北年最大日负荷率为 97.4%，月平均日负荷率为 95.5%，年最小日负荷率为 93.0%。省级电网中，陕西年最大日负荷率为 94.8%，月平均日负荷率为 90.8%，年最小日负荷率为 85.3%。甘肃年最大日负荷率为 95.7%，月平均日负荷率为 92.9%，年最小日负荷率为 84.8%。青海年最大日负荷率为 98%，月平均日负荷率为 95.6%，年最小日负荷率为 92%。新疆年最大日负荷率为 97.3%，月平均日负荷率为 95.4%，年最小日负荷率为 92.2%。

峰谷差方面，2023 年西北年最大峰谷差率为 16.6%，月平均峰谷差率为 11.3%，西北大工业比重高且空调负荷比重相对较小，峰谷差率较小；迎峰度夏期间西北电网降温负荷占最大用电负荷比重为 16.5%，迎峰度冬期间取暖负荷占最大用电负荷比重为 22.8%。省级电网中，陕西年最大峰谷差率为 44.1%，月平均峰谷差率为 22.0%。甘肃年最大峰谷差率为 19.2%，月平均峰谷差率为 15%。青海年最大峰谷差率为 15%，月平均峰谷差率为 9%。新疆电网年最大峰谷差率为 17.1%，月平均峰谷差率为 9.6%。

2023 年西北电网分月统调最高用电负荷及其增速如图 4－62 所示，2023 年西北电网内各省级电网统调最高用电负荷及其增速如图 4－63 所示。

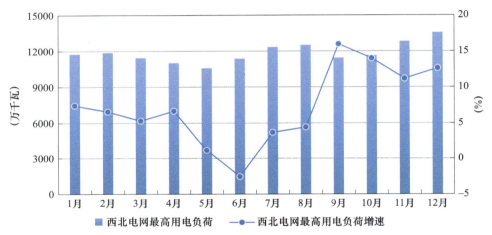

图 4－62　2023 年西北电网分月统调最高用电负荷及其增速

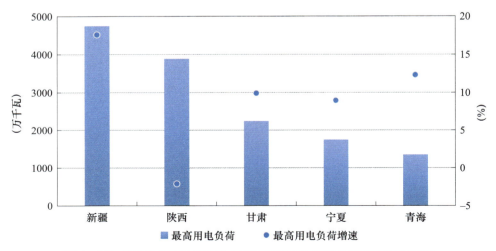

图 4－63　2023 年西北电网内各省级电网统调最高用电负荷及其增速

西南电网　2023 年西南电网全年统调最高用电负荷为 8595 万千瓦（出现在 8 月），比 2022 年略增长 0.1%。各省级电网中，四川统调最高用电负荷为 6107 万千瓦（出现在 7 月），比 2022 年增长 3.3%；迎峰度夏期间四川电网降温负荷占最大用电负荷比重达到 36%，迎峰度冬期间取暖负荷占最大用电负荷比重为 27.3%。重庆统调最高用电负荷为 2603 万千瓦（出现在 8 月），比 2022 年增长 1.5%。西藏为 247 万千瓦（出现在 12 月），比 2022 年增长 23.5%。

受入电力方面，重庆 2023 年各月最大净输入电力均超过 400 万千瓦，其中，7—9 月最大净输入电力均超过 700 万千瓦，8 月达到 808 万千瓦。尖峰负荷持续时间方面，2023 年重庆超过 95%、98% 本地统调最高用电负荷的时长分别为 14 小时、1 小时。日负荷率方面，2023 年重庆年最大日负荷率为 91%，月平均日负荷率为 84.6%，年最小日负荷率为 78%。峰谷差方面，2023 年重庆年最大峰谷差率为 50.3%，月平均峰谷差率为 35.1%。

2023 年西南电网分月统调最高用电负荷及其增速如图 4−64 所示，2023 年西南电网内各省级电网统调最高用电负荷及其增速如图 4−65 所示。

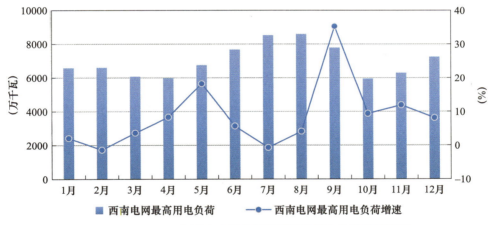

图 4−64　2023 年西南电网分月统调最高用电负荷及其增速

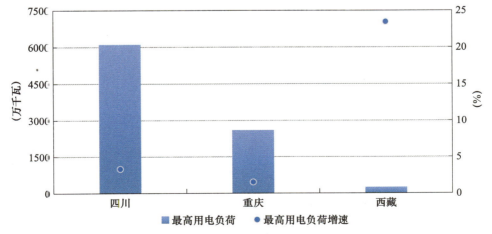

图 4−65　2023 年西南电网内各省级电网统调最高用电负荷及其增速

南方电网 2023 年南方电网全年统调最高用电负荷为 2.34 亿千瓦（出现在 7 月份），比 2022 年增长 5.1%。各省级电网中，广东电网统调最高用电负荷为 1.45 亿千瓦（出现在 7 月），高于全国其他各省级电网，比 2022 年增长 2.1%。云南为 3573 万千瓦（出现在 12 月），比 2022 年增长 4.2%。广西为 3434 万千瓦（出现在 7 月），比 2022 年增长 12.6%。贵州为 2710 万千瓦（出现在 12 月），比 2022 年增长 0.5%。海南为 745 万千瓦（出现在 8 月），比 2022 年增长 16.0%。

受入电力方面，广东是受入电力大省。2023 年广东各月最大净输入电力均超过 1200 万千瓦，其中 7—9 月各月最大净输入电力均超过 4000 万千瓦，9 月达到 4222 万千瓦。2023 年广东首次与福建、上海建立电力电量互送机制，在 5 月广东电力供应偏紧期间，通过闽粤联网工程最大受入电力 100 万千瓦。广西各月最大净输入电力超过 400 万千瓦，1 月及 6—10 月均超过 800 万千瓦，其中 7 月达到 948 万千瓦。

尖峰负荷持续时间方面，2023 年广东超过 95%、98% 本地统调最高用电负荷的时长分别为 62.5 小时、7.5 小时。云南超过 95%、98% 本地统调最高用电负荷的时长分别为 74 小时、7.3 小时。

日负荷率方面，2023 年广东年最大日负荷率为 92.9%，月平均日负荷率为 85.5%，年最小日负荷率为 77.5%。云南年最大日负荷率为 92.8%，月平均日负荷率为 87.4%，年最小日负荷率为 83.1%。贵州年最大日负荷率为 89.9%，月平均日负荷率为 85.0%，年最小日负荷率为 77.4%。

峰谷差方面，2023 年广东年最大峰谷差率为 56.8%，月平均峰谷差率为 32.2%；迎峰度夏期间广东最大降温负荷占最大用电负荷的比重为 36%。迎峰度夏期间广西最大降温负荷占最大用电负荷的比重为 29%；迎峰度冬期间取暖负荷占最大用电负荷比重为 26%。云南年最大峰谷差率为 33.9%，月平均峰谷差率为 27.4%。

2023 年南方电网分月统调最高用电负荷及其增速如图 4-66 所示，2023 年南方电网内各省级电网统调最高用电负荷及其增速如图 4-67 所示。

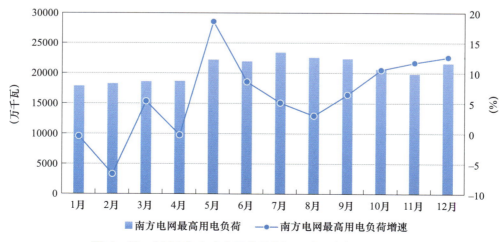

图 4-66 2023 年南方电网分月统调最高用电负荷及其增速

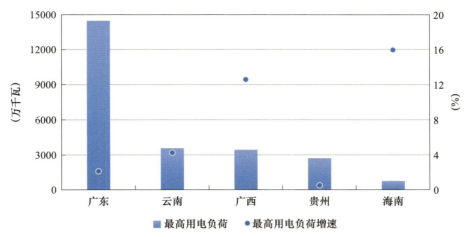

图 4-67　2023 年南方电网内各省级电网统调最高用电负荷及其增速

三、电力平衡情况

2023 年，电力系统经受住了上半年来水偏枯、夏季多轮高温、冬季大范围极端严寒等考验，电力行业全力以赴保安全、保民生、保重点供电，电力系统稳定可靠运行，电力供需总体平衡。

年初，受来水偏枯、电煤供应偏紧、用电负荷增长等因素叠加影响，云南、贵州等少数省级电网在部分时段电力供需形势较为紧张，通过供需两端协同发力，守牢了民生用电安全底线。夏季，各相关政府部门及电力企业提前做好了充分准备，迎峰度夏期间全国电力供需形势总体平衡，各省级电网均未采取有序用电措施，创造了近年来迎峰度夏电力保供最好成效。冬季，12 月共有 3 次冷空气过程影响我国，多地出现大范围强寒潮、强雨雪天气，江苏、浙江、安徽、山东、河北、蒙西等近十个省级电网电力供需形势偏紧，部分省级电网通过需求侧响应等措施，保障了电力系统安全稳定运行。

分区域看：

华北区域电力供需总体平衡。其中，蒙西电网用电负荷快速增长，电力供需形势持续紧张，通过强化火电机组检修计划管理、优化输变电检修计划管理、加强省间互济、采取需求侧管理等措施，大幅缓解了全网供电紧张局面，未采取有序用电措施，守牢了民生用电安全底线；山西、山东、河北在 12 月强寒潮天气期间受用电负荷激增、新能源小发等叠加影响，电力供需形势偏紧。

东北区域电力供需总体平衡。辽宁电力供需总体呈现"用电需求超预期增长、供给能力提升有限、关键时段偏紧"的态势，迎峰度夏期间部分时段电力供需形势偏紧，通过发挥辽宁负荷中心优势和大电网互济作用，积极开展联络线日内应急支援，有效保障电网安全稳定运行。

华东区域电力供需紧平衡。福建 8 月电力供需紧平衡，其余月份均有一定盈余；江苏、浙江、安徽在夏季以及冬季部分时段电力供需形势偏紧。12 月强寒潮雨雪天气期间，江苏等省在个别时段采取了需求响应措施，其中江苏深挖多元化负荷资源，通过需求响应最大错峰 565 万千瓦，有效保障电网安全稳定运行。

华中区域电力供需总体平衡。部分时段江西电力供应偏紧，大力争取送电省份支持，多渠道提升网间电力受入水平，通过省间现货和区内交易等方式临时增购省外电力，最大增购电力 421 万千瓦，保障了电力系统安全稳定运行。

西北区域电力供需总体平衡。度夏和度冬期间陕西、甘肃、新疆等电网在极端天气、新能源出力极小等情况下存在不同情况的电力缺口，经西北网调统筹，采用储能顶峰、配套电源支援及各省份错峰互济支援等措施后，全网电力平衡，未发生有序用电情况。

西南电网电力供需总体平衡。四川部分时段电力系统调节能力不足，用电最大峰谷差已超 2000 万千瓦，而火电调节能力仅约 550 万千瓦，大部分水电丰水期发电近似"直线"，导致部分时段发、用电平衡较为困难，通过充分发挥电力市场的调节作用，保障了电力稳定供应。

南方区域电力供需形势偏紧，主要是云南、贵州在上半年部分时段电力供需形势紧张。云南、贵州年初水电蓄能不足，叠加上半年降水持续偏少，以及部分时段电煤供应偏紧、电煤热质下降等因素综合影响，电力供应紧张。广东全力挖掘供电能力，推动建立"黔电送粤""云电送粤"分电到厂机制，保障西电东送计划电量有效落实，全年电力供应安全平稳，未启用需求响应及有序用电。

四、全社会电力负荷及其平衡

根据运行经验以及对 2023 年部分电网各电源类型的平均出力系数调研了解，设定各电源参与电力平衡的出力系数：水电参与电力平衡的出力系数在 1－3 月、11－12 月按照 50%考虑，4－5 月以及 10 月按照 65%考虑，6－9 月按照 85%～90%考虑（其中具有调节性能的大水电基地按照 90%考虑）。火电参与电力平衡的出力系数按照 85%考虑，燃料供应按充足考虑。核电参与电力平衡的出力系数按照 100%考虑。考虑到新能源出力随机性、波动性和间歇性特点，将风电参与电力平衡的出力系数按照 10%考虑，用电晚高峰时段光伏发电出力为零，不参与电力平衡；电化学储能参与电力平衡的出力系数按照 60%考虑。系统备用统一考虑为用电负荷的 15%。考虑全社会用电负荷的年利用小时数与统调负荷年利用小时数相当，根据全社会用电量推算全社会用电负荷。

根据以上边界条件，对 2023 年全国和各大区域分别进行全社会电力负荷平衡分析。为侧重于分析各区域的送电能力及受电需求等情况，对各大区域进行电力平衡分析时，只考虑本区域内负荷需求和本区域内电力供给。从分析结果可以看出：

（1）2023 年全国在迎峰度夏期间电力供应紧平衡；在迎峰度冬期间受大范围寒潮天气影响，电力供应紧张，12 月出现较大的电力缺口，需要充分挖掘发电潜力，并适当降低系统备用运行，部分时段需要采取负荷管理措施。4、5、9、10 月系统可用容量相对充足，盈余容量在 1.6 亿千瓦以上，可以安排较多的机组检修，各月盈余的容量比 2022 年同期有所减少。

（2）从各区域看，华东需受电力负荷最大，在绝大部分月份需要大量受入电力，才能平衡区域负荷；华北、华中需在年初、夏季、冬季大量受入电力来平衡区域负荷。如果这些区域从外部受入电力受限，则对这些区域的电力供需形势带来较大影响。

（3）西北、西南、东北均是电力输出区域，平衡表中西北绝大部分月份的富余电力超过 3000 万千瓦，2023 年西北各月实际的最大净输出电力均超过 3600 万千瓦，是最具外送能力的区域。西南在年头年末的枯水期电力供应紧张，存在少量电力缺口，需要挖掘电力供应潜力、进行省间电力互济，汛期后西南电力外送能力较大。平衡表中东北绝大部分月份的富余电力超过 1000 万千瓦，可以外送华北等地区。

（4）南方区域以区域内平衡为主，区域内水电装机比重大，来水情况对电力供应能力影响大，来水正常情况下区域内电力供应平衡有余。但 2023 年上半年云南、贵州降水持续偏少以及电煤供应偏紧，导致部分时段电力供应紧张，电力外送能力下降。南方区域和华中、华东等区域之间开展联网交换以实现南北互济，有助于各区域的电力供需平衡，如，2022 年 9 月投产的闽粤联网工程在 2023 年较好地发挥了电力互补互济、调剂余缺作用。

2023 年全国及分区域全社会用电电力平衡表见表 4−3。

表 4−3　　　　　　　　　　　　全社会用电电力平衡表　　　　　　　　　　　单位：万千瓦

区域	项目	1月	2月	3月	4月	5月	6月	7月	8月	9月	10月	11月	12月
全国	用电负荷	116751	120365	112548	108250	115114	128458	141287	141296	128007	112994	121772	142656
	可用出力	144173	144173	144683	151494	152104	162238	162935	163328	164108	155125	149628	151247
	负荷备用	17513	18055	16882	16237	17267	19269	21193	21194	19201	16949	18266	21398
	电力平衡	9910	5753	15252	27007	19722	14512	454	838	16900	25182	9590	−12807
华北	用电负荷	28484	29539	27661	25780	26534	30920	33549	33278	30267	26206	30919	34469
	可用出力	32948	32948	33155	33548	33643	34298	34472	34599	34873	34607	34688	34951
	负荷备用	4273	4431	4149	3867	3980	4638	5032	4992	4540	3931	4638	5170
	电力平衡	192	−1021	1345	3901	3129	−1260	−4109	−3671	66	4471	−868	−4688

续表

区域	项目	1月	2月	3月	4月	5月	6月	7月	8月	9月	10月	11月	12月
东北	用电负荷	7818	7531	7283	6777	6663	7281	7514	7804	6991	7123	8062	8740
	可用出力	10855	10855	10782	10981	10998	11280	11297	11278	11323	11087	10923	10985
	负荷备用	1173	1130	1092	1017	999	1092	1127	1171	1049	1069	1209	1311
	电力平衡	1864	2195	2407	3187	3336	2907	2656	2304	3283	2895	1652	934
华东	用电负荷	26697	29794	27829	26285	29752	34290	38052	37121	34118	27252	28287	36517
	可用出力	29892	29892	29923	30642	30702	31570	31582	31632	31730	30988	30454	30655
	负荷备用	4005	4469	4174	3943	4463	5144	5708	5568	5118	4088	4243	5478
	电力平衡	−810	−4372	−2080	414	−3513	−7864	−12177	−11058	−7505	−353	−2075	−11339
华中	用电负荷	15987	15986	14015	13222	14026	17148	20221	20564	16659	13252	15181	19194
	可用出力	17727	17727	17750	18832	18811	20322	20486	20512	20696	19406	18565	18783
	负荷备用	2398	2398	2102	1983	2104	2572	3033	3085	2499	1988	2277	2879
	电力平衡	−657	−656	1633	3627	2681	601	−2769	−3137	1538	4165	1107	−3290
西北	用电负荷	12568	12750	12307	11877	11466	12517	13331	13477	12531	12573	13766	14662
	可用出力	18183	18183	18214	18879	19122	20025	20235	20334	20400	19757	19354	19691
	负荷备用	1885	1912	1846	1782	1720	1878	2000	2022	1880	1886	2065	2199
	电力平衡	3731	3521	4061	5221	5935	5631	4904	4835	5989	5298	3524	2830
西南	用电负荷	7342	7548	6353	6877	7708	8627	9533	9686	8781	6825	7027	7931
	可用出力	8497	8497	8517	10147	10207	12921	12928	12970	12993	10324	8712	8731
	负荷备用	1101	1132	953	1031	1156	1294	1430	1453	1317	1024	1054	1190
	电力平衡	55	−183	1212	2239	1343	3000	1966	1831	2895	2476	631	−390
南方	用电负荷	20108	20157	20079	20167	23783	23652	24788	24142	24343	23131	21681	23558
	可用出力	26070	26070	26341	28465	28622	32312	32425	32494	32583	28956	26931	27451
	负荷备用	3016	3024	3012	3025	3567	3548	3718	3621	3651	3470	3252	3534
	电力平衡	2946	2889	3251	5273	1271	5112	3918	4731	4589	2356	1998	360

第三节　新能源的主要影响

一、新能源发电生产情况

随着我国能源转型提速和电力体制改革不断深入，能源生产和用户之间深度耦合，能源生产消费方式发生深刻变革，在"双碳"目标驱动下，电力行业优化调整能源结构，稳步提升新能源安全可靠替代水平，开辟了节能提效、分布式可再生能源利用、电能替代与氢能替代、碳新兴业务等领域，能源绿色转型发展加速推进。

2023年，全国主要发电企业新能源发电投资完成7069亿元，占电源工程建设投资完成总额的比重为69.1%。新增新能源发电装机容量29375万千瓦，占全国新增总装机容量的79.2%。其中，新增太阳能发电装机规模超过2亿千瓦，占新增装机规模比重逾半，创历史新高。

2019—2023年我国主要发电企业新能源发电投资完成及占比情况如图4-68所示，2019—2023年新能源发电新增装机容量及占比情况如图4-69所示。

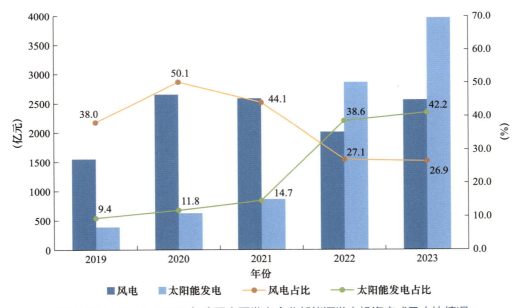

图4-68　2019—2023年我国主要发电企业新能源发电投资完成及占比情况

截至2023年年底，我国新能源发电装机容量为10.5亿千瓦，同比增长38.7%，占全国发电总装机容量的比重为36.0%，比上年提高了6.4个百分点。分省份看，全国有内蒙古、山东等21个省新能源发电成为本省除火电外装机规模第二大的电源，河北、甘肃、青海和宁夏等省（自治区）新能源发电成为本省第一大电源，其中，内蒙古、河北、山东、新疆和江苏新能源发电装机容量超过 6000 万千瓦，分别为 9327、8557、8284、6265 万千瓦和 6214 万千瓦。

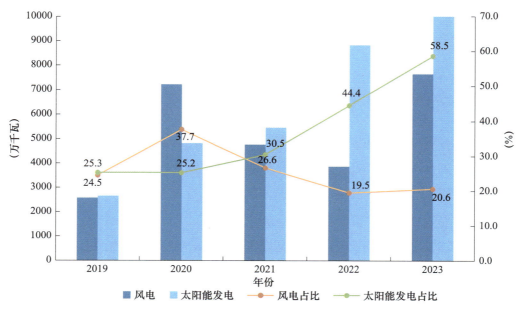

图 4-69　2019-2023 年新能源发电新增装机容量及占比情况

2022-2023 年我国新能源发电装机容量较多的省份新能源发电装机容量及占比情况如图 4-70 所示。

2019-2023 年新能源发电装机容量及占比情况如图 4-71 所示。

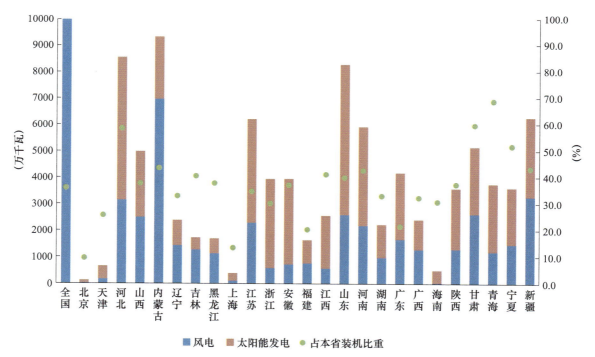

图 4-70　2022-2023 年我国新能源发电装机容量较多的省份新能源发电装机容量及占比情况

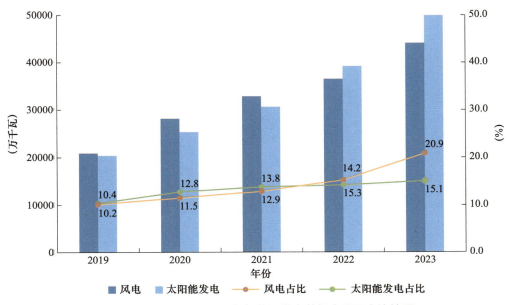

图 4-71 2019-2023 年新能源发电装机容量及占比情况

在新能源发电装机快速增长带动下，新能源发电量保持快速增长，2023 年，我国新能源发电量为 14700 亿千瓦·时，同比增长 23.5%，占全国发电总发电量的比重为 15.5%，比上年提高了 2.1 个百分点。2019-2023 年新能源发电量及占比情况如图 4-72 所示。

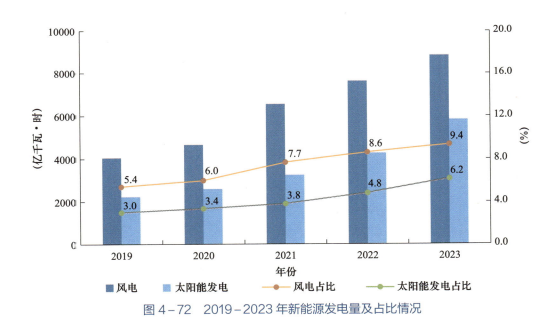

图 4-72 2019-2023 年新能源发电量及占比情况

2023 年，风电发电设备利用小时 2235 小时，同比增加 16 小时，太阳能发电 1292 小时，同比降低 48 小时。2019-2023 年新能源发电设备利用小时情况如图 4-73 所示。

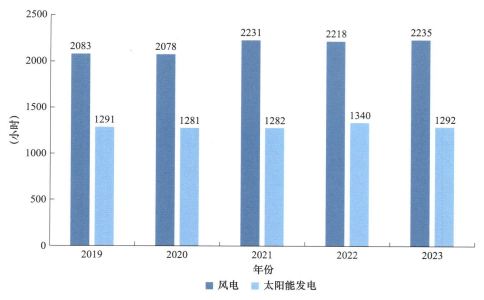

图 4-73　2019-2023 年新能源发电设备利用小时情况

二、新能源消纳情况

2023 年，为助力实现"双碳"目标，加快规划建设新型能源体系，推动新能源发电高质量发展，电力行业主动担当作为，有序扩大新能源市场交易规模，强化政策引导和市场规范，提升新能源消纳空间，进一步健全完善辅助服务市场机制，督促调度机构做好新能源并网服务，优化电网调度运行方式，加大电厂调峰力度，改善新能源消纳问题。全国弃风电量为 233.1 亿千瓦·时，年风电利用率达到 97.3%，比上年提高 0.5 个百分点。全国弃光电量为 119.6 亿千瓦·时，年太阳能发电利用率为 98.0%，比上年降低 0.3 个百分点。全国 8 个省份当年风光利用率达到 100%。

2019-2023 年弃风电量和风电利用率如图 4-74 所示，2019-2023 年弃光电量和太阳能发电利用率如图 4-75 所示。

图 4-74　2019-2023 年弃风电量和风电利用率

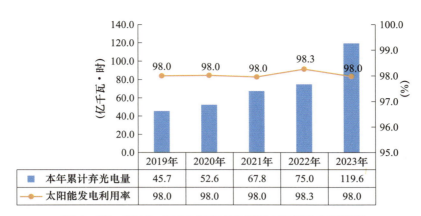

图 4-75　2019-2023 年弃光电量和太阳能发电利用率

2023 年，内蒙古、河北、新疆、甘肃、河南、山东、吉林全年弃风电量超过 10 亿千瓦·时。内蒙古全区新能源装机同比增逾五成，新能源装机占比超过了 40%，新能源大规模开发，新能源装机增速快，消纳压力进一步增大。内蒙古全区年累计弃风电量 60.7 亿千瓦·时，为全国年累计弃风电量最多的地区。2023 年，内蒙古通过新建储能设备和推动电力外送，加大新能源消纳力度，风电利用率为 94.5%，同比提高 3.1 个百分点。其中，蒙西电网年累计弃风电量 47.3 亿千瓦·时，同比下降 20.3%，风电利用率 93.2%，同比提高 3.2 个百分点；蒙东电网全年累计弃风电量 13.4 亿千瓦·时，同比下降 66.4%，风电利用率 96.7%，同比提高 3.8 个百分点。河北、新疆和甘肃年累计弃风电量也超过了 20 亿千瓦·时，年累计弃风电量分别为 39.0 亿、28.0 亿千瓦·时和 22.9 亿千瓦·时，风电利用率分别为 94.3%、95.8% 和 95.0%。

2023 年弃风电量较多的省份本年累计弃风电量和弃风率如图 4-76 所示。

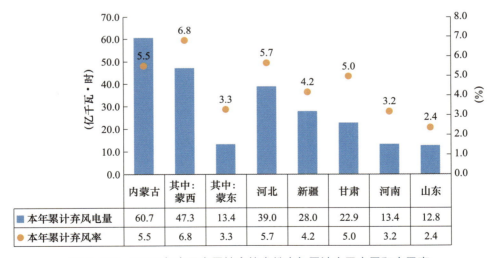

	内蒙古	其中：蒙西	其中：蒙东	河北	新疆	甘肃	河南	山东
本年累计弃风电量	60.7	47.3	13.4	39.0	28.0	22.9	13.4	12.8
本年累计弃风率	5.5	6.8	3.3	5.7	4.2	5.0	3.2	2.4

图 4-76　2023 年弃风电量较多的省份本年累计弃风电量和弃风率

2023 年，青海、河北、甘肃、宁夏、新疆、河南、内蒙古、西藏、陕西、山东、湖北、山西和吉林等省份年累计弃光量均超过 1 亿千瓦·时。其中，近年来，青海省新能源电力装机占比逐年提升，新能源装机增速是负荷增速的近 8 倍，省内新能源消纳空间不足，而西北各省电源同质化严重，寻求外部消纳市场难度极大；常规电源增长缓慢，对水、火、风、光优化组合进而实现多能互补的整体谋划相对滞后；风光比例不协调导致调峰受限增加，常规电源调节能力用尽、储能配置容量不足导致午间弃电突出；新能源集中在海西、海南地区，送出受限，设备计划停电等因素。2023 年，青海省年累计弃光量 26.8 亿千瓦·时，光伏利用率 91.4%，比上年提高 0.4 个百分点，为全国年累计弃光电量最多的省份。河北、甘肃和宁夏全年累计弃光量也超过了 10 亿千瓦·时，分别为 14.2 亿、13.0 亿千瓦·时 10.4 亿千瓦·时。西藏地区年累计弃光电量 7.2 亿千瓦·时，同比增加 55.1%，光伏利用率为 78.0%，比上年降低 2 个百分点，是我国光伏利用率最低的地区。

2023 年弃光电量较多的省份本年累计弃光电量和弃光率如图 4-77 所示。

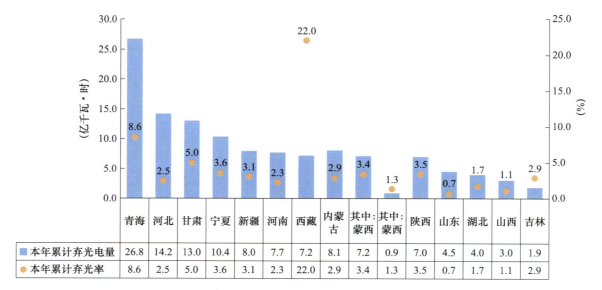

	青海	河北	甘肃	宁夏	新疆	河南	西藏	内蒙古	其中：蒙西	其中：蒙西	陕西	山东	湖北	山西	吉林
本年累计弃光电量	26.8	14.2	13.0	10.4	8.0	7.7	7.2	8.1	7.2	0.9	7.0	4.5	4.0	3.0	1.9
本年累计弃光率	8.6	2.5	5.0	3.6	3.1	2.3	22.0	2.9	3.4	1.3	3.5	0.7	1.7	1.1	2.9

图 4-77　2023 年弃光电量较多的省份本年累计弃光电量和弃光率

第五章
预 测 与 展 望

第一节 电 力 转 型

一、电力结构转型

"十四五"过半，在"双碳"目标引领下，电力行业全面贯彻党的二十大精神，坚决落实党中央国务院决策部署，经受住了 2023 年上半年来水持续偏枯、夏季多轮高温、冬季大范围极端严寒等考验，保障了经济社会发展的能源需求和国家能源安全。在统筹兼顾安全、经济、低碳、高效等方面的基础上，紧跟国家战略，持续加快转型步伐，实现电力结构持续优化。

（一）电力生产供应结构持续优化

煤电装机和发电量占比继续呈趋势性下降。 2019—2023 年，我国煤电装机比重从 51.8% 降低至 39.9%，平均每年降低 6.3%，煤电发电量比重从 62.2% 降低到 57.9%，平均每年降低 1.8%。尤其是 2023 年，煤电装机容量占比首次降至 40% 以下；发电量占比降低至 57.9%，均达到近 5 年来的最低水平。由此可见，我国煤电装机和发电量占比继续呈下降趋势。

2019—2023 年煤电装机容量和发电量占比如图 5—1 所示。

新能源发电装机快速发展。 2019—2023 年，风电、太阳能发电装机容量及占全国总装机容量的比重均呈现快速发展态势。从总量看，风电装机从 2019 年的 20915 万千瓦增长到 2023 年的 44144 万千瓦，呈现翻倍增长，年均增长 20.5 个百分点；太阳能发电装机从 2019 年的 20429 万千瓦增加到 2023 年的 61048 万千瓦，增长 2 倍左右，年均增长 31.5 个百分点。从结构看，风电装机总量占比从 2019 年的 10.4% 增长到 2023 年的 15.1%，年均增长 9.8 个百分点；太阳能装机容量占比从 2019 年的 10.2% 增长到 2023 年的 20.9%，年均增长 19.7 个百分点。

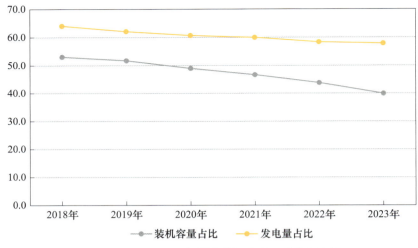

图 5-1　2019-2023 年煤电装机容量和发电量占比

2019-2023 年风电、太阳能发电装机容量和占比如图 5-2 和图 5-3 所示。

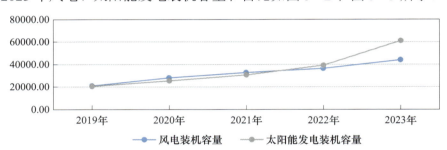

图 5-2　2019-2023 年风电、太阳能发电装机容量

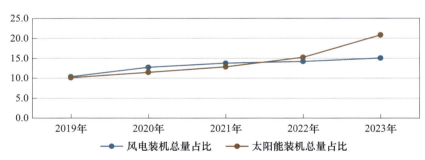

图 5-3　2019-2023 年风电、太阳能发电装机容量占比

2019-2023 年，风电、太阳能发电总量及占全国总发电量的比重也呈现显著增长。从总量看，风电发电量从 2019 年的 4060 亿千瓦·时增长到 2023 年的 8859 亿千瓦·时，增长 1.2 倍，年均增长 21.5 个百分点；太阳能发电量从 2019 年的 2245 亿千瓦·时增长到 2023 年的 5842 亿千瓦·时，增长 1.6 倍，年均增长 27.0 个百分点。从结构看，风电发电量占比从 2019 年的 5.5%增长到 2023 年的 9.4%，增加了 3.9 个百分点；太阳能发电量占比从 2019 年的 3.1% 增长到 2023 年的 6.2%，增加了 3.1 个百分点。

2019-2023 年风电、太阳能发电发电量和占比如图 5-4 和图 5-5 所示。

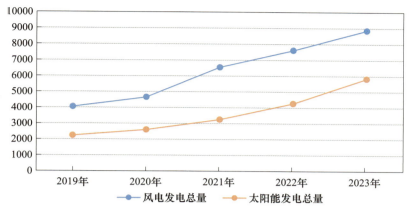

图 5-4　2019-2023 年风电、太阳能发电总量

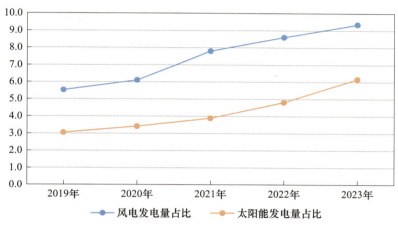

图 5-5　2019-2023 年风电、太阳能发电量占比

（二）新的能源业态蓬勃发展

随着新一代信息技术与电力业务的深度融合，电力供需方式和商业形态正发生深刻变化，在全面提升传统电力数字化、网络化和智能化的同时，还催生出包括充电桩、储能、分布式能源、多能互补、微电网及综合能源服务等在内的电力新业态，推动电力生产和消费模式不断创新，初步体现了对电力转型的支撑作用。**在新型储能产业方面**，2023 年新增装机规模约 2260 万千瓦/4870 万千瓦·时，截至 2023 年年底，全国已建成投运新型储能项目累计装机规模达 3139 万千瓦/6687 万千瓦·时，平均储能时长 2.1 小时。**在抽水蓄能方面**，由于抽水蓄能目前具有经济性、技术成熟等特点，具备大规模开发条件，截至 2022 年年底，我国已纳入规划的抽水蓄能站点资源总量约 8.23 亿千瓦，其中已建、核准在建装机规模 1.67 亿千瓦，未来发展潜力巨大。**在绿氢产业链方面**，2023 年 7 月，国家出台首个氢能全产业链标准体系建设指南——《氢能产业标准体系建设指南（2023 版）》，明确了近三年国内国际氢能标准化工作重点任务。据氢界大数据平台统计，截至 2023 年年底，国家层面共制定氢能专项政策 3

项，涉氢政策近百项。根据 GGII《中国加氢站数据库》数据，2023 年国内新建成加氢站 55 座，国内累计建成加氢站 397 座，目前在建及进入招标阶段的加氢站数量达到 80 座，数量居世界第一，主要集中在广东、浙江、山东、河北、江苏等地区。

（三）全社会电气化水平不断提高

提升电气化水平是实现能源绿色低碳转型的重要举措，电气化是能源高质量发展的重要趋势之一，能源绿色低碳转型离不开电气化的发展。目前，我国电气化进程正稳步推进，绿色低碳转型成效显著。截至 2023 年年底，全国非化石能源发电装机容量 15.7 亿千瓦，占总装机容量比重为 53.9%，我国电力行业在脱碳之路上持续向好；同时，国内终端用能电气化水平不断提升，工业、交通、建筑等重点行业电能替代持续推进。2023 年，工业部门电气化率达到 27.6%，战略性新兴产业用电高速增长。建筑部门电气化率达到 48.1%，热泵、电制冷、供暖的应用场景不断深化。交通运输部门电气化率达到 4.3%，新能源汽车渗透率超过 35%，累计建成充电基础设施 859.6 万台，同比增加 65%，已建成世界上数量最多、辐射面积最广的充电基础设施体系。当前，中国电能占终端能源消费比重提升至约 28%。预计到 2030 年，伴随着工业、建筑、交通等终端用能部门电能替代不断加强，电能占终端能源消费比重将达到 35% 左右；到碳中和阶段，能源消费结构深刻调整，终端用能部门能源消费量持续降低，能效水平显著提升，电能占终端能源消费比重将上升至 70% 左右。

（四）用电增长重心向中西部转移

近年来，各地区全社会用电量在全国占比变化趋势不一致，西部地区用电量在全国占比逐年上升，中部地区用电量在全国占比呈现波动，东北和东部地区用电量占全国的比重则呈现稳步下降趋势，2023 年四大地区[1]全社会用电量增速呈现"东西快、中部慢"的新特征。

2019－2023 年，东北部地区全社会用电量占全国比重呈现下降态势，占比从 5.76% 下降至 5.18%。三次产业及居民生活用电量占全国的比重逐年下降。

2019－2023 年，东部地区全社会用电量占全国比重呈现下降态势，占比从 47.06% 下降至 46.70%。第一产业、第三产业、居民生活用电量占全国比重呈明显下降态势，其中最为突出的是第一产业和高技术及装备制造业：第一产业用电量占全国的比重从 52.21% 下降至 46.07 %，下降了 6.14 个百分点；高技术及装备制造业用电量占全国的比重从 71.26% 下降至 65.45%，下降了 5.81 个百分点。

---

[1] 东部地区包括北京、天津、河北、上海、江苏、浙江、福建、山东、广东和海南 10 个省（市）；中部地区包括山西、安徽、江西、河南、湖北和湖南 6 个省；西部地区包括内蒙古、广西、重庆、四川、贵州、云南、西藏、陕西、甘肃、青海、宁夏和新疆 12 个省（自治区、直辖市）；东北地区包括辽宁、吉林和黑龙江 3 个省。

2019-2023 年，中部地区全社会用电量占全国比重呈现波动，占比从 18.68%下降至 18.64%。第二产业、城乡居民生活呈现波动下降趋势，第三产业用电量占全国比重呈现平稳增长趋势，其中，最为突出的是高技术及装备制造业，用电量占全国比重呈现较快增长趋势：高技术及装备制造业用电量占全国比重从 14.83%增长至 17.17%，增加了 2.34 个百分点。

2019-2023 年，西部地区全社会用电量占全国比重从 28.50%增长至 29.47%。第三产业呈明显增长态势，其中最为突出的是第一产业、四大高载能行业和高技术及装备制造业用电量占全国的比重，出现较快持续增长：第一产业用电量占全国的比重从 21.00%增长至 26.40%，增加了个 5.40 个百分点；四大高载能行业用电量占全国的比重从 45.09%增长至 48.06%，增加了 2.97 个百分点；高技术及装备制造业用电量占全国的比重从 10.26%增长至 14.23%，增加了 3.97 个百分点。

2019-2023 年四大地区部分用电量指标占全国的比重见表 5-1。

表 5-1　　　　　　　2019-2023 年四大地区部分用电量指标占全国比重（%）

年份	地区划分	全社会占比	第一产业占比	第二产业占比	第三产业占比	城乡居民生活占比	制造业占比	四大高载能行业占比	高技术及装备制造业占比
2019	东北	5.76	9.72	5.62	6.07	5.79	4.48	4.70	3.65
2020		5.64	10.00	5.46	5.84	5.93	4.27	4.26	3.63
2021		5.41	9.43	5.24	5.57	5.65	4.14	4.19	3.43
2022		5.26	8.57	5.09	5.48	5.43	3.97	3.95	3.27
2023		5.18	8.64	4.96	5.53	5.41	3.78	3.78	3.16
2019	东部	47.06	52.21	45.64	52.44	47.33	49.34	33.70	71.26
2020		47.12	51.22	45.91	51.72	47.36	49.43	34.44	70.79
2021		47.25	47.71	46.10	51.47	47.60	49.51	34.10	69.38
2022		46.66	46.80	45.36	51.30	47.05	48.43	33.05	67.63
2023		46.71	46.07	45.12	51.48	47.99	47.81	32.34	65.45
2019	中部	18.68	17.07	17.57	18.90	23.94	15.37	16.50	14.83
2020		18.43	16.88	17.32	18.75	23.41	15.37	16.24	15.46
2021		18.56	17.18	17.51	18.99	23.13	15.77	16.65	16.12
2022		19.09	19.03	17.66	19.72	24.50	15.86	16.30	16.79
2023		18.64	18.89	17.22	19.58	23.86	15.69	15.81	17.17
2019	西部	28.50	21.00	31.17	22.60	22.94	30.82	45.09	10.26
2020		28.81	21.89	31.31	23.69	23.30	30.93	45.06	10.12
2021		28.78	25.68	31.14	23.97	23.62	30.58	45.06	11.07
2022		28.99	25.60	31.89	23.49	23.01	31.75	46.70	12.30
2023		29.47	26.40	32.70	23.42	22.74	32.71	48.06	14.23

数据来源：中国电力企业联合会。

由于国家精准实施农村电网巩固提升工程，农村地区电能替代持续推进，农业电气化水平稳步提升，作为第一产业主要集中地的西部地区第一产业用电比重显著提升。在"双碳"目标引领下，区域协调发展步伐稳健，西部地区立足资源禀赋，推动高耗能产业有序向西部地区转移集聚，加之制造业产业结构转型升级，高耗能行业和高技术及装备制造业用电比重持续提升。随着西部大开发战略深入实施，西部地区全社会用电量增速普遍持续走高。

（五）用电结构中改善型用电持续扩张

随着我国产业结构调整升级，新旧动能转换加快，高技术制造业、新兴产业快速发展，生产性服务业发展提速，经济结构调整稳中有进，电力消费结构稳步趋优，用电增量重心逐渐由第二产业向第三产业转移。

2019－2023 年，全社会用电量中，第二产业用电量占比逐年下降，从 2019 年的 68.42%下降至 2023 年的 65.85%，占比下降 2.57 个百分点；第三产业用电量占比增长趋势明显，从 2019 年的 16.36%增加至 2023 年的 18.10%，占比提高 1.74 个百分点；城乡居民生活用电量占比呈现先升后降态势，从 2019 年的 14.14%增加至 2023 年的 14.66%，占比提高 0.52 个百分点；四大高载能行业用电量占比逐年下降，从 2019 年的 27.82%下降至 2023 年的 26.36%，占比下降 1.46 个百分点；高技术及装备制造业保持快速增长，用电量占比逐年提升，从 2019 年的 11.86%增加至 2023 年的 12.93%，占比提高 1.07 个百分点。

2019－2023 年全社会用电结构见表 5－2。

表 5－2　　　　　　2019－2023 年全社会用电结构（%）

类别 ＼ 年份	2019	2020	2021	2021	2023
第一产业	1.08	1.14	1.25	1.33	1.38
第二产业	68.42	68.23	67.52	65.99	65.86
第三产业	16.36	16.08	17.08	17.21	18.10
城乡居民生活	14.14	14.55	14.16	15.48	14.65
制造业	50.19	50.50	50.17	49.10	49.44
四大高载能	27.82	28.33	27.14	26.64	26.36
高技术及装备制造	11.86	11.97	12.50	12.55	12.93

数据来源：中国电力企业联合会。

在新一代科技与产业变革、创新驱动发展、"双碳"目标硬约束等背景下，"十四五"期间，农业现代化水平不断提高；工业高端绿色转型步伐加快，高耗能行业发展总体处于峰值平台期，高技术和装备制造业发展态势逐步显现；现代服务业发展迅猛，第三产业对经济的支撑作用更加明显，电力需求结构将持续优化，预计第三产业比重将继续呈现稳步上升趋势。

（六）全国统一电力市场体系建设取得积极成效

从《中共中央国务院关于进一步深化电力体制改革的若干意见》发布以来，我国电力市场化改革不断深入。从规模看，2023 年 1 月至 12 月，全国电力市场交易电量 5.7 万亿千瓦·时，同比增长 7.9%，占全社会用电量比例 61.4%，比上年提高 0.6 个百分点，市场化交易电量占比从 2016 年不到 17%上升到 2023 年超过 61%，市场机制已在资源配置中起到决定性作用。从新能源比例上看，新能源逐步进入电力市场，市场化交易电量 6845 亿千瓦·时，占新能源总发电量的 47 3%；电力辅助服务机制全年挖掘系统调节能力超 1.17 亿千瓦，年均促进清洁能源增发电量超 1200 亿千瓦·时。从多层次电力市场体系运行看，电力中长期交易已在全国范围内常态化运行，交易周期覆盖多年到多日，中长期交易电量占市场化电量比重超 90%，充分发挥"压舱石"作用，稳定了总体市场规模和交易价格；在国家开展的第一批电力现货试点 8 个地区中，山西、广东电力现货市场相继转入正式运行，南方区域电力现货市场首次实现全区域结算试运行，长三角电力市场建设正式启动，电力现货市场发现价格起到了"晴雨表"作用。

预计到 2025 年，全国统一电力市场体系初步建成，国家市场与省（区、市）/区域市场协同运行，电力中长期、现货、辅助服务市场一体化设计、联合运营，跨省跨区资源市场化配置和绿色电力交易规模显著提高，有利于新能源、储能等发展的市场交易和价格机制初步形成。到 2030 年，全国统一电力市场体系基本建成，适应新型电力系统要求，国家市场与省（区、市）/区域市场联合运行，新能源全面参与市场交易，市场主体平等竞争、自主选择，电力资源在全国范围内得到进一步优化配置。

（七）能源电力转型需把握节奏协同推进

坚持底线思维，筑牢电力安全防线。近年来出现的多轮电力供需紧张的情况，反映了当前我国电力系统充裕度不足、抗冲击能力不足的问题。传统电力系统的火电占比高，依靠自身稳定可靠、抗风险性高的优势，对外部气候风险等不可抗力有较强的抵御能力，其兜底保障和灵活调节等价值凸显。煤电以不足 50%的装机占比（2021 年底煤电装机占比为 46.7%），生产了全国 60%的电量（2021 年煤电发电量占比为 60.1%），承担了超过 70%的顶峰任务。中央针对能源转型提出了"先立后破，稳中求进"的要求，坚决抑制"运动式""一刀切"的减碳模式，后续出台了煤电电价等一系列政策。因此，在转型的过程中，要牢牢树立底线思维，在通过煤电保供保障能源电力安全的前提下，再通过煤电减量发展来保障能源电力清洁低碳转型。在以新能源为主体的新型电力系统中，煤电将由传统的电力、电量主体电源向基础保障性和系统调节性电源转型。

巩固绿色发展方向，持续推动煤电清洁化进程。短期内，煤电作为电源供给主体的地位很难改变，仍将扮演保障电力持续可靠供应"压舱石"的角色。应持续完善顶层设计，激发煤电清洁化改造的积极性，加强煤电机组灵活性改造，统筹煤电发展和保供调峰。2023 年 11 月，国家发展改革委、国家能源局联合印发《关于建立煤电容量电价机制的通知》，自 2024 年 1 月 1 日起实施新的煤电两部制电价机制。该机制通过电量电价灵敏反映电力供需、燃料成本变化，通过容量电价体现煤电容量支撑调节价值，有利于推动煤电转变经营发展模式，更好地保障电力安全稳定供应。应继续通过政策引导和稀缺资源的价格传导机制，鼓励煤电企业合理安排发电计划；通过完善辅助服务市场体系，鼓励煤电参与调峰调频，在促进清洁能源消纳的同时保障电力供应；通过电力容量市场机制建设，确保煤电装机容量维持在安全水平；完善煤炭交易机制，推动区域性和全国性煤炭市场的协调发展，保障煤电企业的可持续发展。

向技术引领转变，走好创新驱动发展之路。 2023 年底召开的中央经济工作会议明确提出，要以科技创新推动产业创新，特别是以颠覆性技术和前沿技术催生新产业、新模式、新动能，发展新质生产力。近年来，尽管我国电力技术取得长足进步，高等级输变电技术走在世界前列，火电超超临界关键技术取得重大突破，小型核电技术和"人造太阳"技术达到世界先进水平，大型水电开发技术世界第一，风光产能规模遥遥领先等，但在关键核心技术方面同美国、日本，以及欧洲一些国家相比差距明显，尤其是超大容量海上风电机组、大功率燃气轮机、第四代核电技术、清洁高效燃煤发电、大电网运行管理、大规模储能、氢能等领域诸多难题亟待攻克，高端芯片、新型材料、电力电子技术、关键零部件、电子元器件、基础软硬件、系统集成等技术瓶颈仍然突出。电力绿色转型的核心是要解决好新能源安全稳定利用的问题，技术创新是电力转型发展的重要驱动力。电力行业要加快突破一批清洁、高效、低碳的发电关键技术，加大大容量风机、漂浮式风电、高效光伏、新型储能等攻关力度，加快氢能制储运技术攻关，推动数字经济与能源工业深度融合。

加快转型升级步伐，持续调整产业结构和产业布局。 我国经济发展进入新时代，已由高速增长阶段转向高质量发展阶段。从产业结构来看，我国作为"世界工厂"和制造业大国，工业产业既是传统用能大户，又是二氧化碳排放的主要领域。其中，钢铁、化工和石化、水泥和石灰以及电解铝等传统产业的能源密集、碳排放相对较高，要严格控制上述传统高耗能、重化行业新增产能，优化存量产能，推动其进行节能改造，同时还要加快高技术产业、先进制造业、数字经济等新兴产业发展，加速推动传统产业的低碳转型，大力发展新型绿色低碳经济，推进产业结构调整和升级。从产业布局来看，我国能源资源与生产力逆向分布，西部地区是我国重要的能源基地，水、煤、风、光等能源资源富集，但经济中心、用电负荷中心在中东部地区。要统筹处理好西北部供给侧和中东部需求侧之间的关系，加大西电东送等跨省区重点输电通道建设与电网调峰能力建设，继续推进符合环保、能效等标准要求的高载能行业向西部清洁能源优势地区集中，推进中东部能源密集型产业向西部地区转移，同时大力发展西部经济，提升能源电力就地消纳能力；增强东部能源产出能力，在东部地区大力发展分布式能源、沿海核电、海上风电等，提升本地能源自给率。

坚持市场化导向，深入推进电力体制机制改革。《关于深化电力体制改革加快构建新型电力系统的指导意见》强调，要深化电力体制改革，加快构建清洁低碳、安全充裕、经济高效、供需协同、灵活智能的新型电力系统，更好推动能源生产和消费革命，保障国家能源安全。电力体制改革是解决能源转型过程中各类主体间利益矛盾的重要手段，还原电力的商品属性，已成为市场发展的必然趋势。经过多年探索创新，全国统一电力市场体系建设积极推进，体制机制初步完善，但仍存在供需时段特性导致供需"剪刀差"、市场化新能源供给与需求存在不匹配、绿电需求难以满足、新能源消纳成本需要市场机制疏导等挑战。要持续加快推进全国统一电力市场建设，进一步完善市场顶层设计，强化关键机制间的衔接协同，统筹好法律法规、政策激励、电力市场和碳市场等四个方面，系统推动市场发展，构建反映电力系统"安全、绿色、经济"多元价值的电力市场体系；要推动电力市场充分发挥市场资源优化配置作用，助力电力保供和新能源消纳，逐步引导分布式光伏参与市场，建立促进绿色电力发展的长效机制。

二、电力数字化转型

2023年2月27日，中共中央、国务院印发《数字中国建设整体布局规划》，要求系统优化算力基础设施布局，促进东西部算力高效互补和协同联动，引导通用数据中心、超算中心、智能计算中心、边缘数据中心等合理梯次布局。2023年3月28日，国家能源局发布《关于加快推进能源数字化智能化发展的若干意见》，提出需要"充分结合全国一体化大数据中心体系建设，推动算力资源规模化集约化布局、协同联动，提高算力使用效率。"

2023—2024年度的电力数字化转型前沿工作主要侧重于数字化应用、人工智能、数据要素化和数据空间专题，包括建设重点、难点、理念、布局、组织形式和制度保障，为行业未来发展提供技术支持和合作路径。

国内外学界和业界专家普遍认为，脱碳（Decarbonization）、去中心化（Decentralization）和数字化（Digitalization）这三个"D"是当今时代和未来几年能源主要变化。在应对这一趋势的过程中，电力企业同时在关注数据要素化的方向。数据要素化旨在将数据变成可管理、可共享和可复用的生产要素单位，使数据具备一致的格式和语义，从而更准确地描述和组织数据，更好地挖掘数据的价值。这将为电力企业提供更为精准的数据支持，有助于更好地应对市场需求变化、提升运营效率，并为新业务模式的开展提供坚实的基础。

（一）电网集团数字化建设情况

电力行业数字化转型在当前技术浪潮中显得尤为重要，为提高能源利用效率、推动技术创新和实现可持续发展提供了新的机遇。在这一背景下，电网集团通过紧密结合新型电力系统建设、能源安全和公司高质量发展等方面，取得了显著的数字化建设成果。

国家电网公司在数字化转型方面展现了卓越的成就，特别是在新型电力系统建设、能源安全和公司高质量发展等关键领域。其在基础设施建设方面的坚实步伐体现在新型电力系统数字技术支撑体系和企业级实时量测中心的建设上。这些举措为电网数字化转型奠定了坚实基础。此外，国网云平台的升级为数字化提供了更强的支持，进一步提升了系统的整体性能。根据丰富翔实的数字化转型情况，国家电网公司为学术研究和实践提供了丰富的实证数据和宝贵信息。

南方电网公司将数字化转型定位为"一把手工程"，并以"三商"战略为导向，全面推进数字化建设。南方电网公司在新一代数字技术平台的建设上取得了实质性进展，覆盖了全域物联网平台、人工智能平台以及南网云平台等关键领域。数字化在行政办公、财务管理、市场营销等领域广泛应用，展现了数字化转型全面覆盖的态势。这一系列数字化建设的成果突显了南方电网公司在实现数字化全面化的过程中的积极态度和务实行动。

电网集团在数字化建设方面卓有成效，国家电网公司和南方电网公司分别在技术创新、基础设施建设，以及全面覆盖数字化转型等方面取得了显著成果。这些成功经验为电力行业提供了有力的参考，也为其他行业的数字化转型提供了借鉴。

（二）发电集团数字化建设情况

国内多家领先的发电集团在数字化转型方面取得了显著的成果，不同企业展现了各自独特的数字化建设路径和特点。

中国华电集团遵循"统一领导、统一规划、统一标准、统一平台、联合建设"的原则，通过制定《网信"十四五"规划》和数字化转型 2025 行动方案等举措，推进数字化建设。在数字中心、综合能源服务平台、数字电厂、数字煤矿等方面进行了建设和试点项目，形成了完善的数字化转型体系。数字化转型实施路径的明确和全员数字素养的提升为未来的发展奠定了基础。

中国三峡集团坚持数字化与业务的全面支撑，通过建设综合信息门户、财务管理、人力资源管理等管控信息系统和专业业务平台，实现了业务融合、信息共享和数据融通。在数字化工作的基础设施性能提升上，三峡集团在网络通信、数据中心建设和网络安全方面取得了显著成果。报告中提及的数字化工作的主要经验和问题为电力行业联合开展数字化工作提供了借鉴。

中国华能集团自 2021 年开始致力于数字化转型，通过制定《数字化转型总体规划》和《加快推进数字化转型工作方案》，规划了数字化转型的三个阶段。在统一智慧能源管理平台、数字化转型基础等重点项目上进行了建设，同时积极开展数字化转型研究宣贯工作。尽管在数字化转型过程中面临一些挑战，华能集团通过建立数字化转型工作领导小组等机制，为数字化建设提供了坚实的支持。

中国大唐集团坚持以数字化、网络化、智能化促进效率、效益和效能全面提升，构建起事事上系统、人人上平台、资源可共用、数据可共享、流程即可见、成效极透明的数字化生态系统；坚持统一规划、统一标准、统一平台和统一管理的"四统一"原则，构建好大唐云、数据湖、大唐盾"三大底座"和管理中枢、生产管理、经营管理"三大应用平台"，着力打造场景化体验、智能化生产、一体化经营、智慧化管控和融合化发展的数字智慧型企业。

国家能源集团通过数字化转型战略的制定和电力产业专项规划的实施，在数字化转型基础能力建设上投入巨大精力和资源。各业务领域的数字化应用取得显著成果，尤其在行政办公、财务管理、市场营销等方面应用了高水平的数字化技术，为国家能源集团的全面提升奠定了坚实基础。

广东能源集团在深入学习贯彻党的二十大精神的基础上，成立了数字化转型委员会和数字化管理办公室，实施了数字化转型的规划和行动方案。该集团在数字化转型基础、技术赋能和安全方面取得了显著的成果，为高质量发展提供了坚实的基础和可靠的支撑。

浙江省能源集团通过成立浙能数科公司，以专业化产业平台为主导，推进数字产业化发展。在数字生产系统、数字管理系统、数字服务系统等方面取得了一系列成果，通过数字化改革实现了能源管理的智能化和高效化。浙能集团通过数字化改革将实现能源管理的智能化和高效化，并积极推动向综合能源服务商的转型。

发电集团在数字化建设方面共同努力，通过制定战略规划、加强基础设施建设、推动数字化应用等手段，实现了数字化工作的快速发展和全面提升。这不仅为各企业的高质量发展提供了坚实基础和可靠支撑，同时也为其他行业提供了数字化转型的成功经验和可借鉴的实践路径。在未来，这些企业将继续推动数字化转型，为构建数字化、智能化、可持续发展的能源体系贡献力量。

（三）电力企业数字化建设主要趋势

电力企业的数字化趋势主要体现在以下几个方面：

（1）智能电网。电力企业正朝着智能电网的方向发展，通过数字化技术和信息通信技术的应用，实现电力系统的智能化管理和运营。智能电网包括智能输电、智能配电、智能计量等多个方面，通过数据的采集、传输、处理和分析，能够实现电力系统的自动化、优化调度和故障快速定位等功能。

（2）大数据分析。电力企业积累了大量的数据，包括供电负荷、电网运行状态、能源消耗等方面的数据。通过大数据分析技术的应用，可以对这些数据进行深入挖掘和分析，提取有价值的信息和规律，为电力企业的运营和决策提供科学依据。例如，可以通过分析用户负荷曲线和用电习惯，进行精细化的负荷预测和调度，提高电网运行的效率和可靠性。

（3）物联网技术。电力企业通过物联网技术，将各种设备、装置和传感器连接到互联网，并实现彼此之间的信息交互和协调。通过物联网技术，可以实现设备的远程监测和故障诊断，提高电力设备的可靠性和运维效率。同时，物联网技术还可以实现智能电力设备的远程控制和智能化管理，提高电力系统的自动化水平。

（4）人工智能技术。人工智能技术的应用可以进一步提升电力企业的数字化水平。通过人工智能技术，可以实现电力系统的智能化运行和管理，例如，智能负荷预测、智能故障诊断、智能能耗优化等。此外，人工智能技术还可以应用于电力市场的研究和预测，提升电力系统的市场化程度和竞争力。

（四）电力数据治理和要素化方面的进展

电力数据的规范管理和要素化是电力行业数字化转型和智能化升级的未来重要抓手。电力行业作为国民经济的重要组成部分和能源体系的关键链条，产生的数据日益庞大和复杂。因此，对于电力数据的治理和要素化，有着至关重要的意义。

一方面，数据治理的实施可以推动电力行业数字化能力的提升。通过建立完善的数据管控制度，规范数据采集、存储、传输和使用等流程，有效地打破数据孤岛，消除冗余信息，并加强数据的安全防护。同时，对电力数据质量的监测和控制，能够帮助决策者更好地理解数据背后的意义和价值，进而更好地运用这些数据做出合理决策。此外，数据治理还可以激活电力数据的价值，为电力企业的数据发展创造价值潜能。

另一方面，数据要素化则是实践数据治理的重要保障。电力数据的要素化旨在使数据变得更加清晰和易于理解。基于数据要素化，电力数据可以更好地体现其内在意义，减少无关信息的干扰，提高数据的可读性和可运用性。电力企业可以通过电力数据要素化，更好地应对新技术和新业务的挑战，创新电力管理模式，并提高企业的智能化水平。

在电力行业，数据治理和要素化是数字化转型和智能化升级的基本抓手。电力企业可以通过改进数据收集、存储、传输、分析和使用等全流程管控，实现电力数据质量的提高和业务效益的提升。此外，电力企业还可以基于数据要素化，创新业务模式，提高内部管理效率，更好地服务用户，激发电力行业的数字化创新。

电力企业正在逐步建立健全数据治理体系。这要求电力企业明确数据治理的目标和范围，制定相应的规章制度和流程，确保数据的采集、存储、分析和使用符合法规和标准。在数据采集方面，电力企业陆续建立统一的数据标准和格式，确保数据的一致性和可比性。在数据存储方面，电力企业正在加强数据的安全性和可靠性管理，采取相应的技术手段进行备份和防护。同时，电力企业建立数据访问和使用权限管理机制，保护数据的机密性和隐私性。

电力企业陆续开展数据质量管理。数据质量的好坏直接影响到数据的有效性和价值。电力企业应建立数据质量评估和监控体系，从数据的准确性、完整性、一致性等维度进行评估，及时发现和纠正数据质量问题。同时，电力企业还应注重数据清洗和预处理工作，通过数据清洗、去重和格式转换等手段，提高数据的质量和可用性。

电力企业的数据治理和规范是实现数据要素化和数据互联互通的基础和关键。电力企业建立健全的数据治理体系，加强数据质量管理，确保数据的安全和隐私保护，并将数据与企业的战略和业务流程相结合。只有通过规范的数据治理和有效的数据规范，才能充分发挥数据在业务决策和运营中的价值，实现数字化转型的目标。

（五）国外电力行业数据空间应用场景参考

国际数据空间（IDS）和欧洲共同数据空间（GAIA－X）是两个重要的数据共享和管理框架，旨在通过提供安全、可靠的数据交换和处理环境，推动数字化和数据驱动的创新。在能源/电力行业，IDS 和 GAIA－X 的应用实践主要集中在数据共享、数据驱动的能源管理和优化等方面。

OMEGA－X 是一个基于 IDS 的能源数据共享平台，由德国能源供应商 E.ON 和 IT 服务提供商 Atos 合作开发。OMEGA－X 平台通过 IDS 提供了一个安全、可靠的数据交换环境，使得能源供应商、设备制造商、服务提供商等不同的参与者可以在遵循数据主权原则的前提下共享和利用数据。这有助于实现更加精细化的能源管理和优化，比如根据实时的能源使用数据调整能源供应策略，或者基于设备运行数据进行预测性维护等。

TECNALIA 是西班牙的一家研究和技术开发机构，也是 GAIA－X 的创始成员之一。TECNALIA 在能源行业的应用实践主要集中在智能电网和可再生能源领域。通过 GAIA－X、TECNALIA 可以与其他的研究机构、企业等共享和利用数据，从而推动智能电网和可再生能源的研究和开发。例如，通过共享和分析大量的电网运行数据，可以更好地理解和预测电网的运行状态，从而实现更加有效的电网管理和调度；通过共享和利用可再生能源设备的运行数据，可以优化设备的运行效率，提升能源的利用效率。

除了 OMEGA－X 和 TECNALIA，还有许多其他的案例体现了 IDS 和 GAIA－X 在能源/电力行业的应用价值。例如，德国电力公司 RWE 和 IT 服务提供商 T－Systems 合作开发的 IDS－based Energy Data Space，通过 IDS 实现了电力行业的数据共享和利用，推动了电力行业的数字化转型。再如，欧洲电力网络运营商协会（ENTSO－E）和欧洲分布式系统运营商协会（EDSO）联合推出的 Common Grid Model Programme，通过 GAIA－X 实现了电网数据的共享和利用，提升了电网的运行效率和安全性。

第二节　电力需求及约束条件

一、影响电力消费增长的因素

2024 年，在新的国内外环境形势下，我国面临的机遇与挑战并存，其中支撑电力消费增长的有利因素有：

一是国家设定了 2024 年国内生产总值增长 5%左右的预期目标。2024 年国务院《政府工作报告》提出全年 GDP 增长预期目标为 5%左右。国务院《政府工作报告》提出，2024 年要切实增强经济活力、防范化解风险、改善社会预期，巩固和增强经济回升向好态势，持续推动经济实现质的有效提升和量的合理增长。2024 年要坚持稳中求进、以进促稳、先立后破。各地区各部门要多出有利于稳预期、稳增长、稳就业的政策，谨慎出台收缩性抑制性举措。要在转方式、调结构、提质量、增效益上积极进取。要强化宏观政策逆周期和跨周期调节，继续实施积极的财政政策和稳健的货币政策。着力扩大国内需求，推动经济实现良性循环，把实施扩大内需战略同深化供给侧结构性改革有机结合起来，更好统筹消费和投资，增强对经济增长的拉动作用。综合当前阶段我国的经济增长潜力，以及国家宏观调控目标，预计 2024 年我国宏观经济运行保持平稳增长，是拉动电力消费增长的最主要动力。2024 年国务院《政府工作报告》提出的部分政策安排见表 5-3。

表 5-3　2024 年国务院《政府工作报告》提出的部分政策安排

各类政策	政策安排
财政政策	积极的财政政策要适度加力、提质增效。赤字率拟按 3%安排，赤字规模 4.06 万亿元，比上年年初预算增加 1800 亿元。预计一般公共预算支出规模 28.5 万亿元、比上年增加 1.1 万亿元。拟安排地方政府专项债券 3.9 万亿元、比上年增加 1000 亿元。从今年开始拟连续几年发行超长期特别国债，专项用于国家重大战略实施和重点领域安全能力建设，今年先发行 1 万亿元
货币政策	稳健的货币政策要灵活适度、精准有效。保持流动性合理充裕，社会融资规模、货币供应量同经济增长和价格水平预期目标相匹配。加强总量和结构双重调节，盘活存量、提升效能，加大对重大战略、重点领域和薄弱环节的支持力度。促进社会综合融资成本稳中有降。保持人民币汇率在合理均衡水平上的基本稳定
产业政策	大力推进现代化产业体系建设，加快发展新质生产力。充分发挥创新主导作用，以科技创新推动产业创新，加快推进新型工业化，提高全要素生产率，不断塑造发展新动能新优势，促进社会生产力实现新的跃升

续表

各类政策	政策安排
科技政策	**深入实施科教兴国战略，强化高质量发展的基础支撑。**坚持教育强国、科技强国、人才强国建设一体统筹推进，创新链产业链资金链人才链一体部署实施，深化教育科技人才综合改革，为现代化建设提供强大动力
"三农"政策	**坚持不懈抓好"三农"工作，扎实推进乡村全面振兴。**锚定建设农业强国目标，学习运用"千村示范、万村整治"工程经验，因地制宜、分类施策，循序渐进、久久为功，推动乡村全面振兴不断取得实质性进展、阶段性成果
社会政策	**切实保障和改善民生，加强和创新社会治理。**坚持以人民为中心的发展思想，履行好保基本、兜底线职责，采取更多惠民生、暖民心举措，扎实推进共同富裕，促进社会和谐稳定，不断增强人民群众的获得感、幸福感、安全感

二是当前我国经济运行延续回升向好态势。随着宏观组合政策效应持续释放，经济内生动能继续修复，今年以来我国经济运行起步平稳，延续了回升向好态势。根据国家统计局数据，一季度我国 GDP 同比增长 5.3%，增速分别比上年同期以及上年四季度提高 0.8、0.1 个百分点。1–3 月，固定资产投资同比增长 4.5%，增速分别比上年全年以及今年 1–2 月加快 1.5、0.3 个百分点，其中制造业投资增长 9.9%，增速分别比上年全年以及今年 1–2 月加快 3.4、0.5 个百分点。1–3 月，货物进出口总额 10.2 万亿元，同比增长 5.0%，其中出口 5.7 万亿元，同比增长 4.9%。3 月，制造业 PMI 指数及其生产、新订单等指数均回升至荣枯线（50%）之上；非制造业商务活动指数为 53.0%，比上月上升 1.6 个百分点。分项目制造业投资增速如图 5–6 所示。

图 5–6 分项目制造业投资增速

（数据来源：国家统计局）

三是新型基础设施建设以及新业态快速发展。近年来，我国在新型基础设施建设方面取得了显著成就。5G 网络、云计算、大数据、人工智能（AI）、工业互联网等新技术新应用得到广泛推广和应用，推动了数字经济与实体经济的深度融合。这些新型基础设施的建设和发展，客观上推动了用电量的快速增长，如图 5-7 所示。例如，以互联网技术为基础的大数据处理、云存储、云计算、云加工等互联网数据服务 2018-2023 年用电量年均增长 28.0%，今年一季度用电量继续增长 33.4%；新能源汽车充电桩快速建设发展，拉动充换电服务业 2018-2023 年用电量年均增长 79.4%，今年一季度用电量增速继续高达 70.1%。根据工业和信息化部信息，截至 2024 年 3 月底，我国 5G 基站总数达 364.7 万个，比上年同期增加 100.1 万个，增长 37.8%。按照今年 3 月底 5G 基站数量测算，这些 5G 基站一年的耗电量为 864 亿千瓦·时，比上年同期 5G 基站一年所耗电量增加 237 亿千瓦·时。此外，新型基础设施催生新业态快速发展也拉动了用电量增长。例如，近两年快速崛起和广泛应用的语言大模型，以及电商、直播、在线教育等新型商业模式的兴起，不仅改变了人们的学习和工作、生活方式，也带来了电力需求的新增长点。

图 5-7　基建投资同比增速
（数据来源：国家统计局）

与此同时，当前也存在部分制约电力消费增长的因素：

一是当前有效需求依然不足。根据国家统计局数据，2024 年一季度，全国工业生产者出厂价格同比下降 2.7%，工业生产者购进价格同比下降 3.4%。其中，3 月，工业生产者出厂价格同比下降 2.8%，环比下降 0.1%；工业生产者购进价格同比下降 3.5%，环比下降 0.1%；全国居民消费价格同比为零增长，其中 3 月同比上涨 0.1%，涨幅比 2 月回落 0.9 个百分点，环比下降 1.0%。2024 年一季度社会融资规模增量累计为 12.93 万亿元，比上年同期减少 1.61 万亿元；全国规模以上工业产能利用率为 73.6%，比上年同期下降 0.7 个百分点，比上年四季度下降 2.3 个百分点。当前的工业、居民物价水平、工业产能利用率以及社会融资需求情况，反映出当前国内有效需求依然不足，市场需求尚未完全恢复，部分行业面临产能过剩。同时，外部环境的复杂性、严峻性、不确定性上升，叠加部分国家对我国出口产品采取反倾销、发补贴调查，给我国出口带来不利影响。CPI 与 PPI 对比如图 5-8 所示。

图 5-8　CPI 与 PPI 对比

（数据来源：国家统计局）

　　二是当前房地产市场仍处于调整期。根据国家统计局数据，2024 年一季度，全国房地产开发投资 22082 亿元，同比下降 9.5%；其中，住宅投资下降 10.5%。房地产开发企业房屋施工面积同比下降 11.1%；其中，住宅施工面积同比下降 11.7%。房屋新开工面积同比下降 27.8%；其中，住宅新开工面积同比下降 28.7%。房屋竣工面积同比下降 20.7%；其中，住宅竣工面积同比下降 21.9%。房地产投资完成额同比增速如图 5-9 所示。今年国务院《政府工作报告》提出，要因城施策优化房地产调控，推动降低房贷成本，积极推进保交楼工作；优化房地产政策，对不同所有制房地产企业合理融资需求要一视同仁给予支持，促进房地产市场平稳健康发展；稳步实施城市更新行动，推进"平急两用"公共基础设施建设和城中村改造。预计2024 年房地产业仍处于筑底阶段，给钢铁、水泥等上下游关联度较高的行业生产继续带来下拉影响，但房地产"三大工程"陆续落地、融资环境持续改善以及上年基数偏低等因素，有望推动后续房企开发投资降幅收窄。

图 5-9　房地产投资完成额同比增速

（数据来源：国家统计局）

二、2024 年全社会用电量预测

随着疫情后经济社会全面恢复常态化运行，宏观政策靠前协同发力，国民经济回升向好，用电量增速持续回升。按照正常气温及经济稳步回升等因素，并结合电力供需形势分析预测预判，预计 2024 年全年全社会用电量同比增长 6.5%左右。2020－2025 年全国全社会用电量需求预测如图 5－10 所示，2024 年三次产业及居民生活用电量最终预测结果见表 5－4。

图 5－10　2020－2025 年全国全社会用电量需求预测

表 5－4　　　　　　　　　　2024 年全国及分产业用电量预测结果

类别	2024 年全年全社会用电量预测（亿千瓦·时）	2024 年全年全社会用电量增速预测（%）
全社会	98237	6.5
第一产业	1382	8.2
第二产业	64019	5.4
第三产业	18388	10.1
居民生活	14447	6.8

三、2024 年分区域用电量及最高用电负荷

预计 2024 年，全国最大负荷 14.5 亿千瓦，比上年增加 1 亿千瓦左右，出现在夏季。

分区域看：

华北区域预计全年全社会用电量同比增长 5.5%左右，全年最高用电负荷同比增长 4.8%左右。

东北区域预计全年全社会用电量同比增长 3.6%左右，全年最高用电负荷同比增长 2.3%左右。

华东区域预计全年全社会用电量同比增长 7.5%左右，全年最高用电负荷同比增长 8.7%左右。

华中区域预计全年全社会用电量同比增长 5.9%左右，全年最高用电负荷同比增长 6.8%左右。

西北区域预计全年全社会用电量同比增长 7.6%左右，全年最高用电负荷同比增长 7.1%左右。

西南区域预计全年全社会用电量同比增长 5.8%左右，全年最高用电负荷同比增长 11.2%左右。

南方区域预计全年全社会用电量同比增长 7.5%左右，全年最高用电负荷同比增长 9.6%左右

具体见表 5-5 和表 5-6。

表 5-5　　　　　　　　　2024 年全国及分区域用电量预测结果

区　域	2024 年全社会用电量预测 （亿千瓦·时）	2024 年全社会用电量增速预测 （%）
华　北	23013	5.5
东　北	6016	3.6
华　东	23839	7.5
华　中	11758	5.9
西　北	11104	7.6
西　南	5606	5.8
南　方	16902	7.5

表 5-6　　　　　　　　　2024 年全国及分区域最大用电负荷预测结果

区　域	2024 年最高用电负荷预测 （万千瓦）	2024 年最高用电负荷增速预测 （%）
华　北	33267	4.8
东　北	8418	2.3
华　东	40670	8.7
华　中	20865	6.8
西　北	14537	7.1
西　南	9555	11.2
南　方	25663	9.6

第三节　电力供应及约束条件

一、影响电力供应保障因素

一是来水保障情况。夏季长江中下游、淮河流域、太湖流域、松花江流域、黄河中下游可能出现较重汛情。从地区看，预计今年夏季（6 月至 8 月），我国东部地区降水总体偏多，华北、内蒙古东部、东北、华东大部、华中大部、西南地区北部、西北地区东部等地降水偏多，其中华北南部、东北大部、华东北部、华中大部、西南地区东北部、西北地区东部降水明显偏多。华南、西北地区西部、新疆等地降水较常年同期偏少，华东南部、华中南部、华南、西南地区南部、新疆等地可能出现阶段性气象干旱。从流域看，预计今年夏季，长江中下游、淮河流域、太湖流域、松花江流域、黄河中下游降水较常年同期明显偏多，暴雨过程多，可能有较重汛情；海河流域、辽河流域可能出现汛情；珠江流域降水较常年同期偏少。降水阶段性明显，6 月至 7 月中旬，降水明显偏多区位于长江中下游、淮河流域、太湖流域；7 月下旬至 8 月，降水明显偏多区位于黄河中下游、松花江流域、海河流域、辽河流域。从气象部门的上述预测情况看，今年夏季全国降水情况总体要好于 2023 年同期，有利于发挥水电机组在迎峰度夏期间的电力保供作用。

二是电煤保障情况。电煤供应全国总体有保障，部分地区可能存在时段性紧张。从需求端看，二季度，随着经济形势持续改善以及气温、枯水期的叠加，将拉动煤炭消费需求回升。煤电仍然是电力供应的主力电源，拉动煤炭消费较快增长。从供给端看，我国将继续推进煤炭产能释放，受山西在全省范围内开展煤矿"三超"和隐蔽工作面专项整治的影响，山西部分煤矿产能释放受到制约。但总体看，二季度全国煤炭供应保障能力将继续增强。进口方面，2024 年我国鼓励煤炭进口的政策基调仍会保持，与印度尼西亚、澳大利亚等国的煤炭贸易格局有望延续，预计二季度我国进口煤市场需求将延续一季度的增长势头，下游用户采购热情较高，煤炭进口可能维持较高水平。从供需形势看，随着煤炭产能释放、供应能力继续增长，全国电煤供应总体有保障。但是受资源区位、流向、煤质匹配、铁路运力等因素的制约，部分区域的煤炭资源调剂困难，迎峰度夏期间电煤仍可能存在区域性、时段性、品种性供需矛盾。从价格看，2024 年迎峰度夏期间，煤炭价格仍然存在上行风险，电煤价格还将保持高位波动的态势。

三是天然气保障情况。国内天然气供需形势总体平衡，发电用天然气总体有保障。从需求端看，国产气量、进口管道气量和进口 LNG 合约量的增长，以及储气调峰设施加快建设将为天然气需求增长提供稳定支撑。在风电、光伏发电快速增长形势下，燃气发电将发挥重要调节作用，预计发电用气需求将保持较快增长。从供给端看，今年国内天然气产能及产量进一步增加，进口方面，我国对天然气进口基础设施的持续投资促进天然气进口量增长，特别是俄罗斯对中国出口的管道天然气、国内企业进口 LNG 的规模同比均会有较大幅度增长。从价格看，随着国际天然气供应趋紧局面结束，国内外资源供应充足，市场价格整体下滑，进而影响国内天然气市场。综合来看，国内天然气供需形势总体平衡，发电用天然气总体有保障。若出现长时间极端气温、天然气价格急剧攀升等情况，华东、南方等部分地区天然气可能出现时段性偏紧，影响到这些地区的燃气机组顶峰发电能力。

二、2024 年新投产装机

在国家"双碳"目标下，电力行业持续推进绿色低碳转型发展，大力发展非化石能源。根据《2024 年能源工作指导意见》，2024 年多措并举提高非化石能源比重，以能源绿色发展支撑美丽中国建设。巩固扩大风电光伏良好发展态势。稳步推进大型风电光伏基地建设，有序推动项目建成投产；统筹优化海上风电布局，推动海上风电基地建设；因地制宜加快推动分散式风电、分布式光伏发电开发，在条件具备地区组织实施"千乡万村驭风行动"和"千家万户沐光行动"。稳步推进水电核电开发建设。编制主要流域水风光一体化基地规划，制定长江流域水电开发建设方案；积极安全有序推动沿海核电项目核准，建成投运山东荣成"国和一号"示范工程 1 号机组、广西防城港"华龙一号"示范工程 4 号机组等。预计 2024 年全年全国新增发电装机将再次突破 3 亿千瓦，新增规模与 2023 年基本相当，其中新增非化石能源发电装机规模 3 亿千瓦左右。2024 年全国各电源类型新增装机情况如图 5–11 所示。

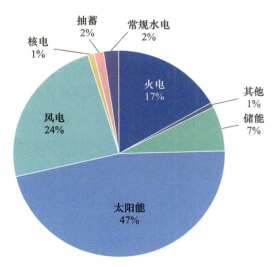

图 5–11　2024 年全国各电源类型新增装机情况

其中，2024 年，风电、光伏新增装机还将保持快速的发展速度，规模与上年持平。风电方面，新增装机主要分布在华北、东北和西北地区，合计新增装机占风电新增总装机比重的 80%。

太阳能发电方面，新增装机主要分布在华北、华东、华中和西北地区，合计新增装机占太阳能发电新增总装机比重的 80%。

火电发电方面，新增装机集中在西北区域作为大规模新能源消纳的配套电源，一方面作为负荷中心的支撑性电源，以及华东区域作为负荷中心的支撑性电源。

三、2024 年总装机规模

2024 年年底，全国发电装机容量预计将达到 33 亿千瓦，同比增长 13%左右，如图 5-12 所示。非化石能源发电装机合计 19 亿千瓦，占总装机的比重上升至 57.5%左右；其中，水电 4.4 亿千瓦、并网风电 5.3 亿千瓦、并网太阳能发电 8.2 亿千瓦、核电 6191 万千瓦、生物质发电 4700 万千瓦左右。火电 14.6 亿千瓦，其中煤电 12 亿千瓦，占总装机比重降至 37%以下。并网风电和太阳能发电合计装机容量预计将在 2024 年二季度至三季度首次超过煤电装机，2024 年年底达到 13.5 亿千瓦左右，占总装机比重上升至 40%左右，部分地区新能源消纳压力凸显、利用率将下降。

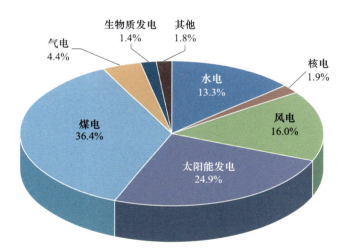

图 5-12 2024 年年底发电装机结构预计

第四节 2024 年电力供需形势

一、全国电力供需形势

2024 年，随着我国消费结构及产业结构持续调整升级，负荷"冬夏"双高峰特征逐步呈现常态化。世界疫情仍在持续，外部形势更加复杂多变，既要保障电力供应，又要积极推动能源转型。受宏观经济、气温、降水、燃料供应等多方面因素交织叠加影响，电力供需形势存在较大的不确定性。根据电力需求预测，基于对气温、来水、电煤供应等关键要素的分析，综合考虑新投产装机、跨省跨区电力交换、发电出力及合理备用等，预计 2024 年全国电力供需总体平衡，迎峰度夏和迎峰度冬期间部分区域存在电力缺口。

二、各区域电力供需形势

迎峰度夏期间，电力供需总体平衡，高峰时段电力供需偏紧。分区域看，华北、东北、西北区域电力供需基本平衡；华东、华中、西南、南方区域电力供需偏紧，存在电力缺口。省级电网中，汇苏、浙江、安徽、蒙西、河南、江西、四川、重庆、广东、云南等在高峰时段存在电力缺口。

迎峰度冬期间，电力供需总体平衡，高峰时段电力供需偏紧。分区域看，华北、东北区域电力供需基本平衡；华东、华中、西北、西南区域电力供需偏紧，存在电力缺口；南方区域电力供需形势持续紧张，存在电力电量缺口。

（一）华中区域

河南省。2024 年河南电力供需形势依然复杂严峻。综合社会经济发展态势、极端天气多发频发等因素，预计 2024 年全网最大负荷 8300 万千瓦。度夏期间面临用电需求加速"释放期"和稳定出力机组投产"低谷期"叠加，晚高峰时段存在供电缺口 400 万千瓦，电力保供形势严峻。

江西省。2024 年，江西省经济回稳向好态势持续巩固，用电保持较快增长，全社会用电量预计 2131 亿千瓦·时，同比增长 5.2%。迎峰度夏、度冬期间预计调度口径最高用电负荷为 3600 万、3350 万千瓦（出现在 7 月、12 月），分别较去年度夏和度冬同期最高负荷增长 266 万、45 万千瓦。从省内装机和网间受电情况看，考虑水电来水、火电出力受阻和新能源发旦不确定性等因素，考虑适当安全备用容量，以外购电中长期合同为边界，2024 年度夏及度冬期间全网调度口径最大供应能力分别为 3127 万、3136 万千瓦，应对 7 月和 12 月份 3600 万、3350 万千瓦最高用电负荷，分别存在 473 万、214 万千瓦供应缺口。若发生机组非计划停运、负荷增长超预期或外购电受限等情况，全网电力缺口还将进一步扩大。

（二）华东区域

华东地区为重要的负荷中心，最大负荷增速较快。预计 2024 年，夏季最大负荷将达到

3.9 亿左右，增速 8.8%。考虑华东地区电源新增供电能力、跨区受电能力，以及中长期合同，华东电力供需形势紧张。分省看，安徽、江苏和浙江存在一定缺口。

江苏省。预计夏季午高峰全网最大用电负荷约 14500 万千瓦，同比增长约 9%，晚高峰全网最大用电负荷约 13800 万千瓦，同比增长约 12%，如图 5-13 所示。若遇持续高温天气，最大用电负荷可能进一步提高。按照目前已落实的电力资源情况，预计迎峰度夏电网最大供电能力 13320 亿千瓦，预留旋转备用容量后，当全省晚峰最高用电需求 1.38 亿千瓦·时，全省约存在 800 万千瓦左右高峰电力平衡缺口。若遇持续高温天气，缺口将进一步扩大。

图 5-13　2024 年江苏省分月电力盈亏预测

浙江省。2024 年，浙江电力供需形势"总体紧平衡、尖峰缺口大"，预计全省分月全社会最高负荷 8000 万～12000 万千瓦，目前已确定的分月电力供应能力 8030 万～11000 万千瓦，夏、冬季高峰时段电力供需均存在缺口，如遭遇连续酷热、极寒天气、外来电等供应不及预期、企业用电过快增长等情况，供需缺口将进一步扩大，如图 5-14 所示。

安徽省。2023 年电力需求仍呈刚性增长。迎峰度夏期间（2023 年 6-9 月），全省调度口径最大用电负荷需求比 2022 年迎峰度夏最大用电负荷增长 8.9%。考虑计划省际受进电力及全省最大供电能力，迎峰度夏电力供应最大缺口超过 1000 万千瓦。若出现极端高温、吉泉直流送电减少或大机组故障跳闸等情况，电力供应缺口将进一步增大，电力供需平衡形势严峻。

图 5-14　2024 年浙江省分月电力盈亏预测

（三）南方区域

2023 年，随着稳经济增长政策落实落地，云贵地区新增铝硅、储能产业用电规模较大，预计 2024 年南方区域用电需求仍将保持较快增长，全网统调最高负荷需求 2.57 亿千瓦，同比增长 9.8%，电力供需形势仍将持续紧张。

广东省。预计 2024 年广东最高用电负荷需求 1.58 亿千瓦，同比增长 9.2%，全社会用电量 8864 亿千瓦·时，同比增长 4.3%。在西电按年度计划送电，一次能源稳定供应、骨干电源按计划投产的情况下，预计 2024 年全年电量供应满足需求，电力供应总体紧平衡，如果出现西电大幅减送、持续高温天气等极端情况，局部高峰时段可能存在电力供应不足风险，其中枯汛交替期（5 月）可能存在最大约 680 万千瓦电力缺口，度夏期间（7-9 月）可能存在 300 万～500 万千瓦电力缺口。

云南省。2024 年，在绿色铝、光伏和新能源等产业产能全部释放、西电东送按计划送电，来水正常以及汛末水电蓄能 300 亿千瓦·时、年底 270 亿千瓦·时，电煤保供有力等情况下，预计全年电量缺口约 210 亿千瓦·时。其中，汛前（1-6 月）缺口约 60 亿千瓦·时，汛期（7-10 月）缺口约 80 亿千瓦·时，汛后（11-12 月）缺口 70 亿千瓦·时，如图 5-15 所示。

图 5-15　2024 年云南省分月电量盈亏预测

第六章

对 策 与 建 议

2024 年，电力行业在为国民经济发展提供安全可靠电力供应的同时，将继续先立后破、通盘谋划，大力发展新能源，全力推进清洁低碳转型。结合当前电力供需形势和行业发展趋势，提出以下建议。

一、扎实做好电力稳定供应，守住系统安全底线

（一）做好一次能源跟踪监测、负荷预警和灾害应急机制建设

加强来水、风、光跟踪监测，提升预报准确性；加强煤炭、油气等能源供耗存监测；滚动开展用电负荷预测及预警。建立健全电力气象灾害监测系统，完善微气象、覆冰等在线监测装置部署，加强极端天气对电网影响灾害研判预警。进一步强化民生保供应急机制，提升灾害应急处置能力。加大重点地区应急装备配置力度，确保系统安全运行，提升极端条件下民生保障供电能力。强化重要输电通道运维保障，针对性开展特训特护，确保重要线路安全运行。

（二）补强电网薄弱环节，促进新能源合理消纳

补强电网抵御自然灾害的薄弱环节，提升电网设备防灾能力。结合新能源汽车充电桩建设，开展城市配电网扩容和改造升级，大力推广智能有序充电设施建设和改造。加快农村电网巩固提升工程，支撑农村可再生能源开发。强化资源配置，发挥电网优势。做好全网资源统筹，做到资源互补、时空互济。

（三）深化电力需求侧管理，引导形成节约用电习惯

完善需求响应价格补偿机制，形成可中断用户清单，引导各类市场主体主动参与电力需求响应，以市场化方式降低高峰时段负荷需求，推动需求响应规模尽快达到地区最大用电负荷的 5%。加强电动汽车、蓄热式电采暖、用户侧储能等可调节资源库建设，并积极推动市场

化运作。拓展实施能效提升项目，推动消费侧节能降耗提效，引导全社会节约用电。

二、强化燃料保障，提升电源供应能力

（一）继续增加国内煤炭供应总量，并形成煤矿应急生产能力。

继续加大优质产能释放力度，加快推进新核增产能各环节相关手续办理，尽快实现依法合规增产增供。制定煤矿保供与弹性生产办法优先组织满足条件的先进产能煤矿按一定系数调增产能，形成煤矿应急生产能力，以满足经济持续复苏以及季节性气候变化等对煤炭消费的增长需求。加强电煤产运需之间的衔接配合，保障电煤运输畅通，在用电高峰期将运力向电力电量存在硬缺口的地区适当倾斜。形成电网、气源、燃机发电等各方联合工作机制，加强沟通协作，协调燃气发电计划，争取通过"以气定电"或"以电定气"方式合理协调发电及供气计划，充分发挥燃机电厂灵活调峰重要作用。

（二）提升电源供应能力，挖掘输电通道能力

推动纳入规划的电源按时投产，同时做好并网服务，确保常规电源应并尽并，强化机组运行维护，严格非计划停运和出力受阻管理，挖掘机组顶峰潜力。加强跨省跨区电力余缺互济，优化跨省区电力调配机制，做好中长期、现货、应急调度的衔接。用足用好跨省跨区输电通道，做到资源互补、时空互济、市场互惠。充分发挥配套电源的调节能力，允许配套电源富余能力在更大范围内进行市场化配置。

（三）疏导燃煤发电成本，发挥煤电兜底保供作用

科学设置燃料成本与煤电基准价联动机制，放宽煤电中长期交易价格浮动范围，及时反映和疏导燃料成本变化。推进容量保障机制建设，加大有偿调峰补偿力度，弥补煤电企业固定成本回收缺口，进一步提高煤电可持续生存和兜底保供能力。科学合理地制定采暖供热价格，出台可操作的"煤热、气热价格联动机制"，及时反映供热成本变化，纾解煤电和气电企业经营困境。强化机组运维检修和安全风险防控工作，加大设备健康状态监测和评估，确保机组安全可靠运行。

三、加快全国统一电力市场建设，推动电力企业良性发展

（一）完善电力交易机制和市场价格形成机制

完善电力交易机制和市场价格形成机制。分阶段推动跨省跨区输电价格由单一制电量电

价逐步向容量电价和电量电价的两部制电价过渡，降低跨省跨区交易的价格壁垒。完善峰谷分时电价政策，适度拉大峰谷价差，通过价格信号引导储能、虚拟电厂等新兴主体发挥调节性作用。构建成本疏导机制，丰富交易品种，不断完善辅助服务市场建设。

（二）逐步建立新能源参与电力市场竞争的价格机制

加快推进适应能源结构转型的电力市场建设，建立适应新能源特性的市场交易机制和合约调整机制。持续完善绿色电力交易机制，增加扩大绿电交易规模，提升跨省区绿电交易规模和频次，解决东部沿海需求与西部绿电资源时空错配矛盾。常态化开展绿电、绿证交易，充分发挥电力市场对新型能源体系建设的支撑作用。建立相应的消费考核机制，提高社会对绿电绿证的消纳。协调绿证市场、绿电市场和碳市场之间的关系，对新能源绿色价值的部分给予正确定价。

（三）加快推进绿色电力市场建设

加快推进绿证交易方法及实施细则出台，丰富绿证应用场景。加快培育绿电消费市场，体现新能源绿色环境价值，提升新能源参与市场的经济性。完善绿证交易机制，畅通购买绿电和绿证的渠道，落实全社会共同推动能源转型的责任。

四、推进新型电力系统建设，促进能源高质量发展

（一）持续优化调整电力供应结构

丰富不同种类能源的供应，发挥煤电与新能源发电的特性互补优势、调剂余缺，实现绿色低碳、安全高效的电力供给。加强风电、太阳能等新能源发电的统筹规划，在国家层面明确分省新能源规划目标，引导各地合理优化装机规模、布局和时序，实现各专项规划、国家和各省规划间横向协同、上下衔接。

（二）加快系统应急保障和调节能力建设

加大政策支持力度，持续推进煤电"三改联动"及支撑性调节性煤电的建设，提升系统应急保障和调峰能力。加快抽水蓄能电站建设及改造，推动已开工的项目尽快投产运行，尽早发挥作用；因地制宜建设中小型抽水蓄能电站。加快确立抽水蓄能电站独立市场主体地位，推动电站平等参与电力中长期市场、现货市场及辅助服务市场交易。发挥流域水电集群效益，实现水电与新能源多能互补运行。推进多元化储能技术研发与应用，优化储能布局场景，推动独立储能发挥调节作用。

（三）加快技术研发和管理创新，推动新型电力系统建设

深入研究适应大规模高比例新能源友好并网的先进电网和电力电子、储能等新型电力系统支撑技术，开展高比例新能源和高比例电力电子装备接入电网稳定运行控制技术研究。深入研究开发微电网与微电网群稳定性控制技术、标准、装备等，以支撑配网和主网安全稳定运行。鼓励电力企业围绕技术创新链开展强强联合和产学研深度协作，集中突破关键核心技术。加大新技术应用示范的支持力度，同时配套提升能源电力技术装备的安全运维和管理创新水平。

后记

在《中国电力供需分析年度报告2024》编撰过程中，国家政府相关部门给予了大力支持和帮助，国家电网有限公司、中国南方电网有限责任公司、中国华能集团有限公司、中国大唐集团有限公司、中国华电集团有限公司、中国长江三峡集团有限公司、国网北京市电力公司、国网天津市电力公司、国网河北省电力有限公司、国网冀北电力有限公司、国网山西省电力公司、国网山东电力集团公司、国网内蒙古东部电力有限公司、国网辽宁省电力有限公司、国网吉林省电力有限公司、国网江苏省电力有限公司、国网浙江省电力有限公司、国网安徽省电力有限公司、国网福建省电力有限公司、国网河南省电力公司、国网湖南省电力有限公司、国网江西省电力有限公司、国网四川省电力公司、国网重庆市电力公司、国网陕西省电力公司、国网甘肃省电力公司、国网青海省电力公司、国网宁夏电力有限公司、国网新疆电力有限公司、广东电网有限责任公司、广西电网有限责任公司、贵州电网有限责任公司、云南电网有限责任公司、国投电力控股股份有限公司、北京能源集团有限责任公司、国网新源控股有限公司、甘肃电力投资集团有限责任公司、安徽省皖能股份有限公司、江苏省国信资产管理集团公司、晋能控股集团有限公司、中国长江电力股份有限公司、深圳市能源集团有限公司、华润电力控股有限公司等单位为报告提供了翔实的资料。王志轩、王益烜、米建华、江长明、李宏远、李明节、肖创英、肖晋宇、汪际峰、张文亮、张正陵、张运洲、张丽英、张启平、陈宗法、卓山、高光夫、蒋敏华、潘荔、魏昭峰等资深专家审核了报告，在此一并表示衷心感谢！

参与报告编写的主要撰稿人分别是：第一章由吴立强、叶静、靳坤坤、米富丽编写，第二章由米富丽、姜晶编写，第三章由吴立强、庄严、靳坤坤、王萌瑶编写，第四章由吴立强、郑媛媛、庄严、靳坤坤编写，第五章由刘兴国、陈亚宁、叶静编写，第六章由叶静编写。

中电联统计与数据中心牵头负责报告的组织编制、统稿等工作，受编撰时间、资料收集和编者水平所限，报告难免存在疏漏，恳请读者谅解并批评指正。我们将不断总结经验，进一步提高编撰质量，使报告成为研究、了解、记录中国电力供需情况的重要工具，在立足行业、联系政府、服务企业、沟通社会中发挥更大的作用。